라 벨르
에뽀끄

내용의 이해를 돕는 사건 및 인물 연대표를 밥북 블로그에서 확인할 수 있습니다.
https://blog.naver.com/bobbook1/221827486809

만화로 떠나는 벨에포크 시대 세계 근대사 여행

아름다운 시대
라 벨르 에뽀끄

la Belle Epoque

글·그림 신일용

제3권

머리말

이 책을 쓰는 (그리는) 동안 많이 받은 질문 중 하나가 이런 거다.

"왜 이 시대에 대해서 쓰는 거지?"

하고 많은 주제가 있는데 왜 역사에 관한 책을 쓰는가, 역사에도 수많은 시대가 있는데 왜 유독 19세기 말에서 20세기 초의 이야기를 다루는가, 이런 의문이겠다.

저명한 역사 다큐멘터리 작가 바바라 터크먼 여사의 말을 인용하여 대답을 대신하겠다. 그녀는 이렇게 말했다.

"자신이 사랑에 빠지지 않은 주제, 스스로 흥미를 느끼지 못하는 주제로 어떻게 다른 사람들의 흥미를 끌겠다는 거죠?"

오래전부터 이 시대는 나의 흥미를 끌었다. '라 벨르 에쁘끄(la Belle Epoque)'로 불리는 대로 아름답기만 해서가 아니다. 사실 이 시대가 아름다웠던 사람들은 제국 열강의 한 줌도 안 되는 부자와 귀족뿐이었다. 그들에게 식민지배를 당해야 했던 우리 조상들에게는 더 이상 끔찍할 수가 없는 그런 시대였다.

이 시대가 흥미로운 진정한 이유는 그 역동성 때문이다. 근대의 노스탤지어와 현대를 맞는 희망이 뒤섞여 있던 시간, 기득권 계급과 그에 저항하는 새로운 계급이 혼재하던 공간은 무수한 인간 드라마들을 만들어냈다. 이 시대의 이야깃거리는 무궁무진하다. 오히려 아쉬움을 누르고 이야기를 추려내어 이 시대를 총체적으로 이해할 수 있는 사건들만 남기는 작업이 훨씬 힘들었다.

세계사를 다루다 보니 인명이나 지명을 어떻게 표기할 것인가 하는 고민이 따랐다. 애초에 정한 원칙은 현지에서 발음하는 대로 따른다는 것이었는데 결국은 많은 부분을 타협하지 않을 수 없었다. 너무 많은 고유명사가 이미 영미어식 발음으로 잘 알려져서 원어 발음만을 따르기가 만만치 않았다. 당초의 원칙만을 고집했다가는 이 책이 너무 불친절해질지도 모른다는 걱정 때문이었다. 우리 방식으로 이미 익숙해져 버린 이름들도 있다. 예를 들어 우리에게 서태후로 널리 알려진 자희 황태후는 외국에선 자희의 중국어 발음인 쓰시로 부르는 게 보편적이다. 하지만 익숙한 서태후란 이름을 그냥 쓰기로 했다. 또 외국어를 표기하는 중에 프랑스어 철자의 악쌍이나 독일어 철자의 우믈라우트는 전부 생략했다. 프랑스와 독일어판 알파벳 폰트를 찾아서 쓸 수도 있었으나 무시하기로 했다. 그다지 중요하지 않다고 생각한 면도 있지만 고백하건대 타고난 게으름 탓이기도 하다.

대부분의 콘텐츠가 오래된 독서의 결과물들이 뒤섞여 있는 것이라서 굳이 어느 책에서 인용했는지 정리하기 어렵다. 하지만 적어도 아래 몇 권의 책들은 여기에 소개해야 할 것 같다.

- The Guns of August/Babara W. Thuchman/Random House
- The Proud Tower/Babara W. Tuchman/Random House

- In Montmartre/Sue Roe/Penguin Books
- Dawn of the Belle Epoque/Mary McAuliffe/Rowan & Littlefield Publishing, inc.
- Bismarck/Alan Palmer/Endeavour Press Ltd
- The Russo-Japanese War/Sydney Tyler/Madison & Adams Press
- The Russian Revolution/Rupert Colley/William Collins

이에 더하여 위키피디아는 정말로 유용했다. 이 다중지성의 사이트가 없었다면 헷갈리는 팩트를 체크하는 일이 훨씬 더 지루하고 험난한 작업이 되었을 것이다. 이 책의 본문 가운데 삽입된 그림들은 흑백의 아주 작은 사이즈로 처리되어 있다. 스토리의 흐름을 도와주는 역할은 간신히 하고 있지만 그 그림들의 본 모습을 감상하기에는 턱도 없다. 가급적, 아니 반드시, 도록이나 인터넷에서 찾아서 충분한 사이즈의 컬러판으로 감상하면서 읽어주시면 좋겠다.

어느 시대의 역사를 들여다보던 오늘 우리의 상황이 절로 연상되는 일이 적지 않다. 이 '아름다운 시대'의 이야기는 더욱 그러하다. 불과 100~150년 전의 이야기이기도 하지만 인간의 탐욕, 증오, 두려움, 거짓말하는 버릇, 이런 것들이 변하지 않는 인간의 나약한 본성이기에 그런 것 같다. 그 와중에

명예를 지키고 정의를 실현하려 한 사람들도 있었다. 이 역시 오늘 우리가 실낱같은 희망이나마 지니고 살아가는 이유와 다르지 않다.

사설은 이쯤에서 접고 지금부터 산책하는 기분으로 세계근대사의 현장으로 여행을 떠나보자. 여행 배낭 안에 챙겨야 할 준비물은 지적 호기심 하나면 족하지 않을까 싶다.

2019년 11월 신일용

1권 _____

Chapter 1_ 나폴레옹 조카 나폴레옹

Chapter 2_ 거친 사나이

Chapter 3_ 비스마르크의 덫

Chapter 4_ 끔찍한 한 해

Chapter 5_ 빠리, 새로 짓다

Chapter 6_ 사쿠라 피다

2권 _____

Chapter 7_ 그 시대의 아방가르드

Chapter 8_ 그 시대의 쎌럽

Chapter 9_ 부수는 자들

Chapter 10_ 나는 고발한다

Chapter 11_ 여름의 마지막 장미

Contents

머리말 / 4

Chapter 12_ 1900 무력 올림픽 / 11

Chapter 13_ 언덕 위의 구름 / 81

Chapter 14_ 아듀, 몽마르트르 / 177

Chapter 15_ 그해 8월 / 221

Chapter 16_ 마지막 짜르 / 275

에필로그 / 325

Chapter 12

1900 무력 올림픽 의화단사건

중국인들이 다시는 감히 독일인을 째려보지 못하도록
독일이라는 이름이 그들에게 천년 동안 기억되게 하라.
-빌헬름 2세, 중국으로 출정하는 병사들에게

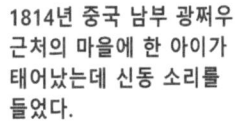

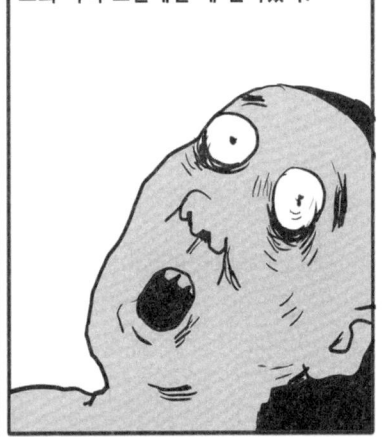

Chapter12. 무력 올림픽

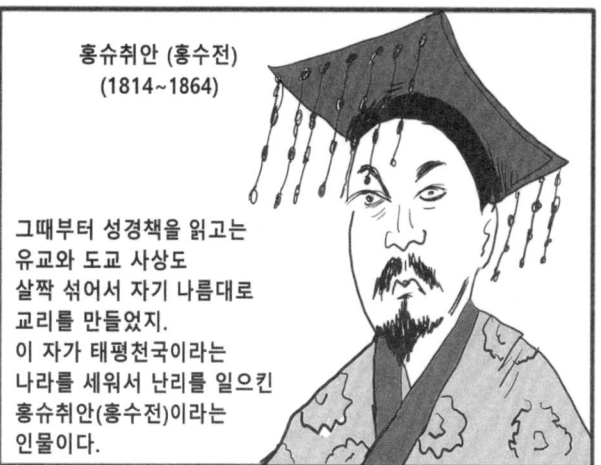

Chapter12. 무력 올림픽

태평천국이라는 내란에 겹쳐서 일어난 또 한번의 외세의 침략 앞에 청은 여지없이 수모를 당했다.

제2차 아편전쟁
(1856~1860)

1839년의 아편전쟁 이후 영국은 청 정부에 이것저것 추가 요구사항이 많았다. 항구를 더 개방하고 아편무역을 합법화하고 영국제품에 매기는 세금을 철폐하고, 북경 한복판에 영국대사관을 열고 등등...

I'm still hungry.

청나라 정부가 계속 미적대자 영국은 다시 한번 본때를 보여줄 핑계를 찾고 있었는데 이런 신고가 들어온거야.

중국 관리들이 내 배를 뺏아갔어요!

뭐라구? 영국인들에게 보장된 치외법권을 무시했단 말이야?

애로우(Arrow)호라는 이 배는 선장만 영국인이고 선원들은 전부 중국인이었는데 사건당일 선장 토마스 케네디가 외출을 했고 영국기도 게양하지 않아 영국 배라는걸 알 도리가 없었다.

그런데 이것보다 더 중요한 사실은 말이지, 영국회사가 중국 배를 임차해서 운영만 하던 배였는데 며칠 전에 유효기간이 이미 끝난 상태였다는 사실이다.
즉, 법적으로 영국과 전혀 상관없는 배였다 이거지.

쉿!

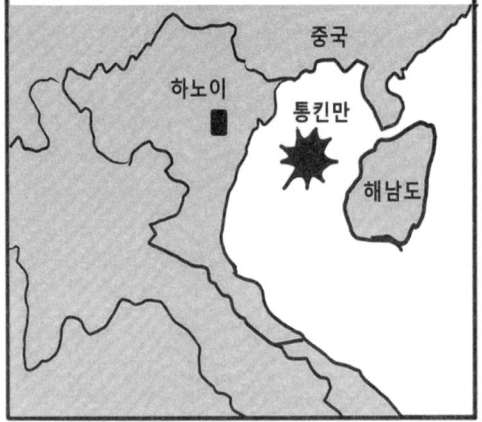

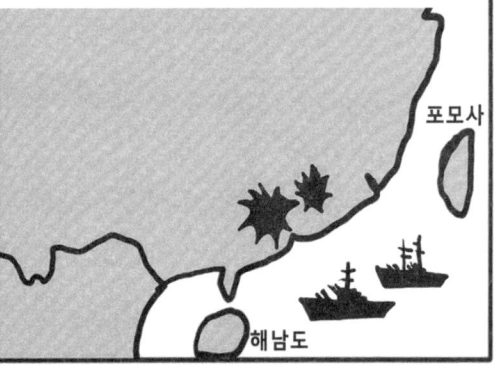

Chapter12. 무력 올림픽

청나라가 조약의 비준을 하지 않고 주전파와 협상파 사이에서 한숨만 폭폭 쉬며 계속 미루는거라.

함풍(시앤펑)제
(1831~1861)

당장 북경으로 군대를 몰고가서 겁을 주는 수 밖에 없군.

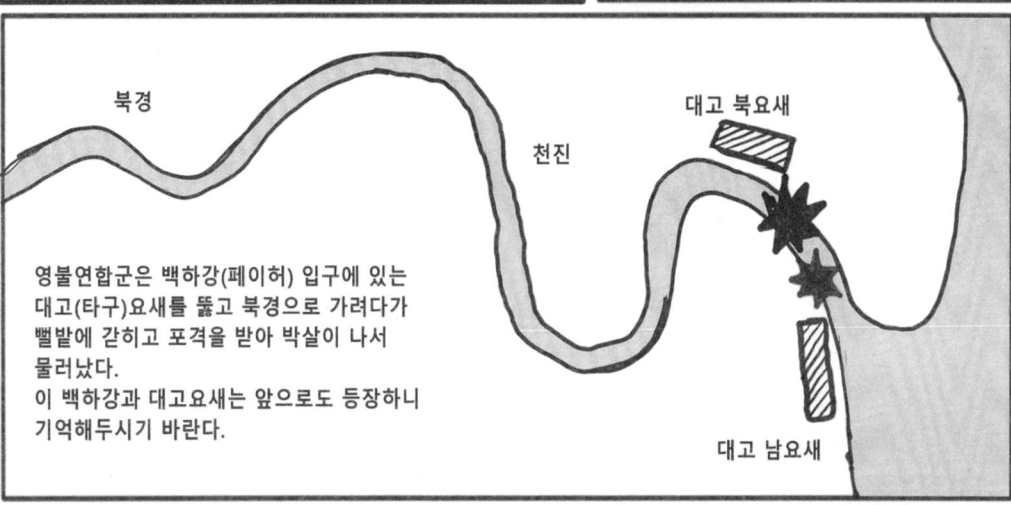

영불연합군은 백하강(페이허) 입구에 있는 대고(타구)요새를 뚫고 북경으로 가려다가 뻘밭에 갇히고 포격을 받아 박살이 나서 물러났다.
이 백하강과 대고요새는 앞으로도 등장하니 기억해두시기 바란다.

북경 천진 대고 북요새 대고 남요새

거 보시라니깐요. 우리 대청제국을 우습게 보더니 이제 정신 좀 차렸겠죠.

자식들 그동안 좀 봐줬더니.

주전파

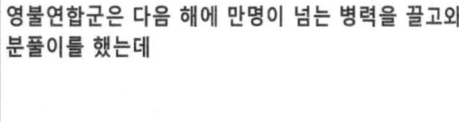

영불연합군은 다음 해에 만명이 넘는 병력을 끌고와 분풀이를 했는데

Chapter12. 무력 올림픽

궁정화가가 그림으로 남긴 이 강아지는 청과 영국의
왕실에서 일생을 보낸 대단한 팔자를 타고난 녀석인데

재미있는 건 영국에서 이 녀석에게 붙여준 이름이야.

루티~
(Looty)

loot는 '약탈하다'라는 뜻이니 솔직하다고 해야할까,
대단한 영국식 유머 아닌가?

청 황실은 전쟁에서 군인들과 백성이 죽은 것보다
원명원과 이화원이 망가진 걸 더 가슴 아파했다는데
함풍제의 후궁이었던, 우리에게 서태후라는 이름으로
알려진 자희도 그 가운데 하나였나보다.
이 별궁에 대한 애착이 이후에 벌어지는 청일전쟁의
패인들 가운데 하나가 되는데 이 이야기는 다음장에서
하기로 하자.

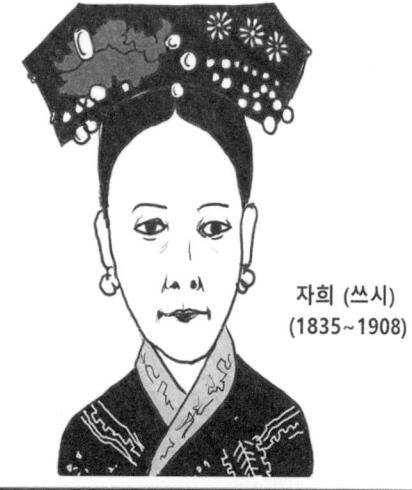

자희 (쓰시)
(1835~1908)

두번째 아편전쟁의 와중에서 악연으로 얽힌
두 인물이 있다. 하나는 당시 광동과 광서를
다스리는 양광총독이었던 엽명침(예밍천).

예밍천
(1807~1859)

또 한 사람은 당시 광동주재 영국 대리공사였던
해리 파크스이다.

해리 파크스
(1828~1885)

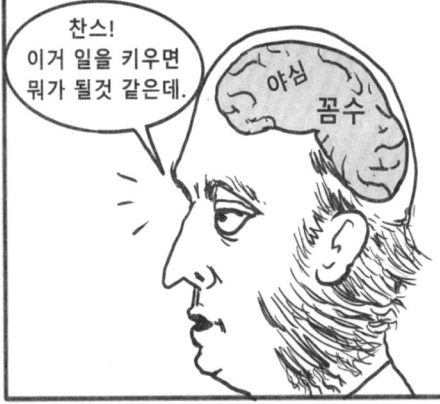

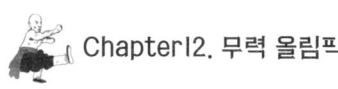
Chapter12. 무력 올림픽

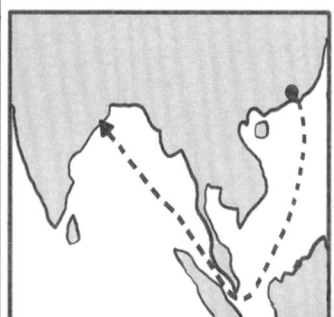

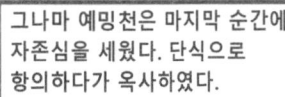

Chapter12. 무력 올림픽

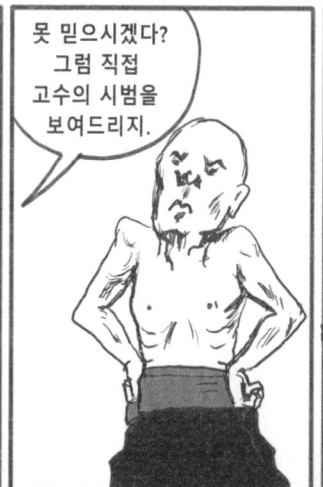

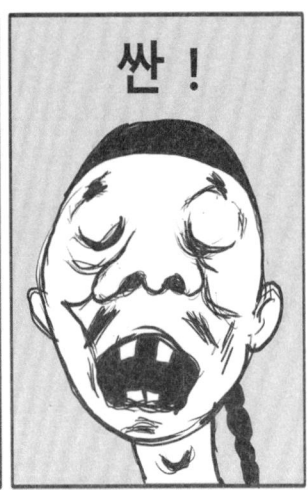

Chapter12. 무력 올림픽

Chapter12. 무력 올림픽

중국 4대기서 가운데 하나인 수호지의 무대가 바로 양산박이다.
존경해마지 않는 고우영선생님이 그린 수호지의 양산박 호걸들인데
걸핏하면 힘자랑하는 난폭한 자들이었지만 로빈후드처럼 의적이었다지.

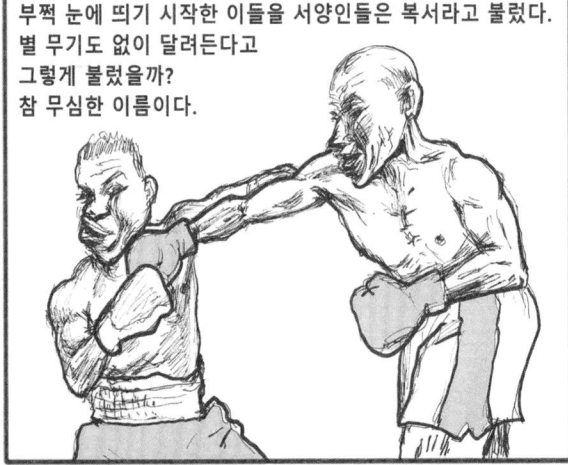

Chapter12. 무력 올림픽

중국인들이 평소에 가장 미워했던 집단이 누구였지?
로칼 기독교인들, 이들이 초기에 테러의 목표물이
되었다.

처음에는 기독교 개종자들의 집에
몰래 방화하고 도망치는 정도였는데

시간이 갈수록 점점 더
대담해지고
빈번해졌다.
지방에서 소규모로
벌어지던 테러가
큰 마을에로 번지더니
대도시의 거리에도
이 의로운 주먹들이
무리지어 활보하기 시작했고
납치나 린치의 대상이
점점 더 넓어져 갔다.

이런 와중에 서양 선교사들이 살해되는 사건도 벌어져
외국인 사회에 긴장감이 더해갔다.
중국을 무대로 한 대지라는 소설로 유명한 펄벅여사가
이 당시 여덟살 소녀였는데 선교사이던 아버지를 따라
강소성의 한 도시에 살고 있었다.
평소에 중국인들에게 인심을 잃지 않았던지 마을 사람들이
도와주어 상해로 대피하였다고 회상한 바 있다.

펄 S. 벅
(1892~1972)

지방에서 선교사와 사업가, 철도기술자들이 살해되었다는 소식이 잇따르고 의화단의 행렬이 북경 시내에 출몰하자 북경의 외교가에 위기감이 감돌기 시작했다.
병력이라고는 공관경비병 몇명 밖에 없었거든. 그나마 가장 큰 병력이 미국 해병대 중대병력 정도였다.

여기서 잠깐 1900년 당시의 북경이라는 도시가 어떻게 형성되어 있었는지 알아보고 가자.

북경은 원, 명, 청 세 왕조가 수도로 삼았던 도시였던 만큼 겹겹이 쌓인 벽으로 보호되어 있었다.
외성과 내성의 벽이 ⌐⌐모양을 형성하고 있는데 내성은 1420년경에, 외성은 1550년경에 쌓은 것이다.
내성 안에 황성이 있고 또 그 안에 자금성이 있으니 청의 황제는 네겹의 성벽 안에서 지내고 있었던거지.

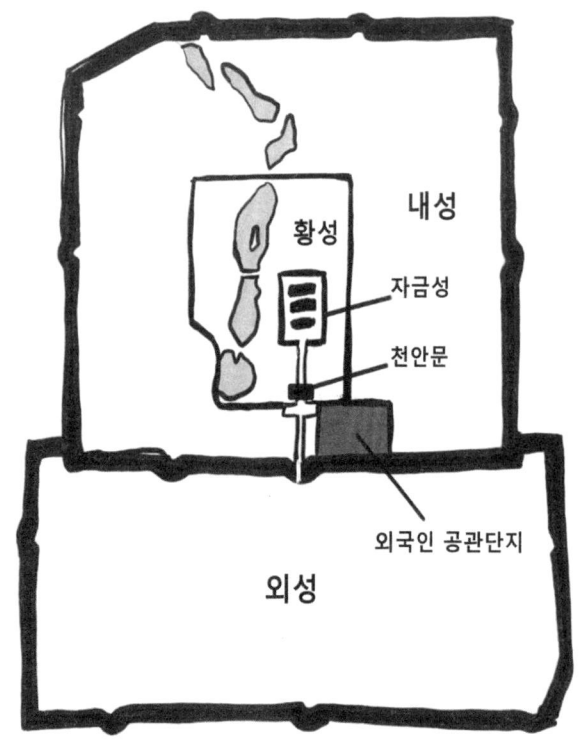

황성 안에 연못이 보이지?
중국인들 특유의 과장법으로 위에서부터 베이하이(북해), 쭝하이(중해), 난하이(남해), 이렇게 바다로 불렀는데 이 쭝하이와 난하이를 끼고 오늘날 중국공산당 본부, 국무원 등이 몰려있어서 중국 정치권력의 상징이 되어있다.
이게 가끔 뉴스에서 듣는 쭝난하이란거다.

이 성벽들은 청의 멸망 후에 일부만 제외하고 철거되어 없어졌지만 당시 중국에 진출한 서구제국과 일본의 공관들은 내성과 황성 성벽 사이에 몰려있었다.

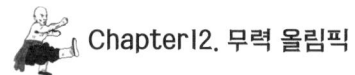
Chapter12. 무력 올림픽

외국공관들은 자체적으로 방어준비를 하기 시작했다.
남쪽은 타타르성벽이라고 부르는 내성벽을 의지하고 지형지물을 이용해서 내부에 방어벽을 보강했다.
방어에 불리한 바깥에 위치한 외국 공사의 인원들은 이 방어벽 안으로 들어와야 했다.

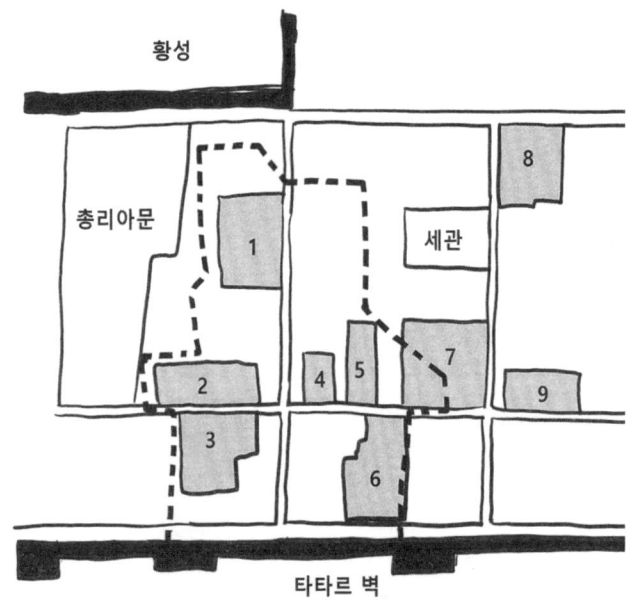

1. 영국
2. 러시아
3. 미국
4. 스페인
5. 일본
6. 독일
7. 프랑스
8. 오스트리아
9. 이탈리아

그리고 이들 외국공관들의 북서쪽에 인접해서 외국인들을 상대하는 청 정부의 총리아문(쫑리야먼)이 위치하고 있었다.
총리아문의 정식명칭은 '총리각국사무아문'인데 외무부를 정식으로 만들지는 못하겠고 귀찮은 외국인 오랑캐들을 상대하기 위해 억지로 만들었다는 뉘앙스가 있다.

분위기는 더욱 심상치 않은 방향으로 흘렀다. 1900년 5월 31일에 이르자 영국대사 맥도날드가 다구 해안에 주둔해있던 함대 사령관 세이무어에게 병력을 끌고와 북경의 공사관을 구출해줄 것을 요청해야 했다.

영국 대사
클로드 맥도날드
(1852~1915)

중국주둔 총사령관
에드워드 세이무어
(1840~1929)

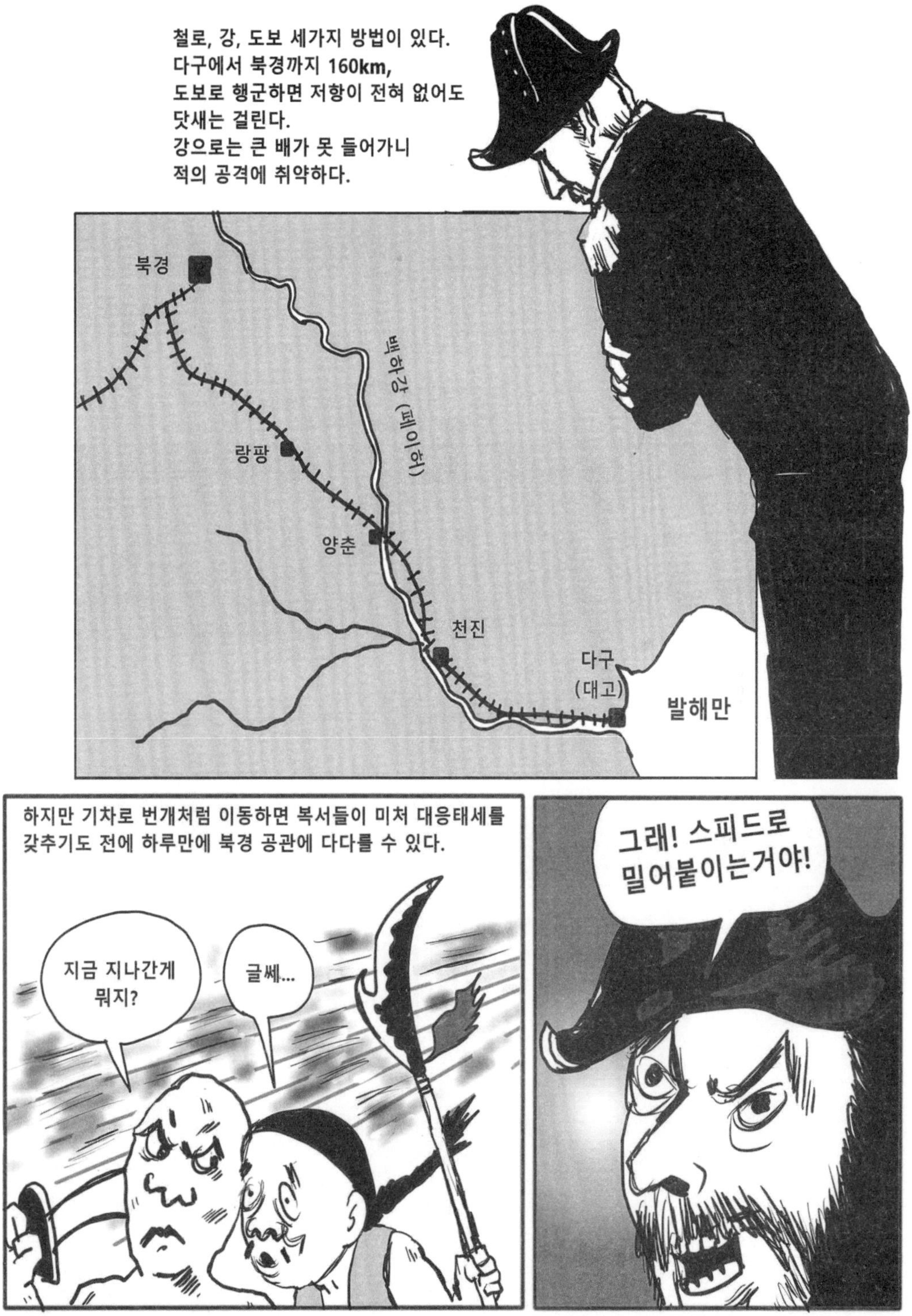

Chapter12. 무력 올림픽

철로, 강, 도보 세가지 방법이 있다.
다구에서 북경까지 160km,
도보로 행군하면 저항이 전혀 없어도
닷새는 걸린다.
강으로는 큰 배가 못 들어가니
적의 공격에 취약하다.

하지만 기차로 번개처럼 이동하면 복서들이 미처 대응태세를 갖추기도 전에 하루만에 북경 공관에 다다를 수 있다.

지금 지나간게 뭐지?

글쎄...

그래! 스피드로 밀어붙이는거야!

 Chapter12. 무력 올림픽

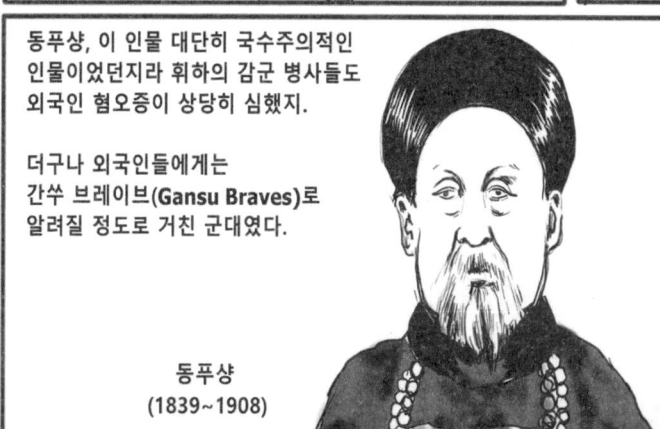

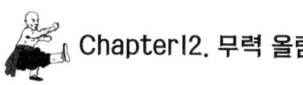

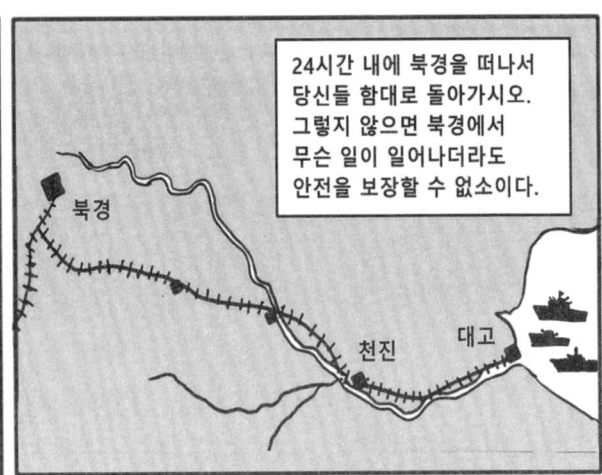

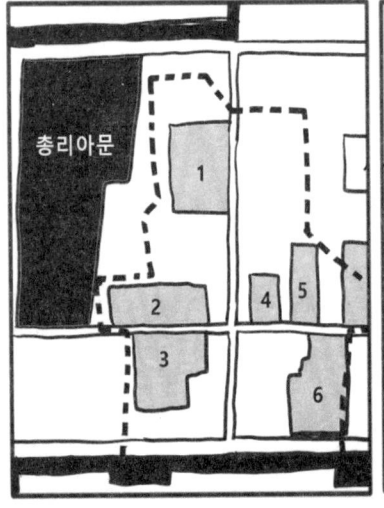

Chapter12. 무력 올림픽

청 정부의 입장은 무엇인가?
다시 말해서 이 여인의 입장이 무엇인가?
1900년 당시 서구 제국들은 모두 알고
있었다.

청제국의 실질적인 의사결정권이
자금성 깊숙한 곳에 틀어박혀 있는
예순다섯살의 이 여인의 손아귀에
있다는 것을.

Chapter12. 무력 올림픽

청말기의 실권자,
쓰시타이호우
(자희태후; 慈禧太后)

서양에서는 보통 **Cixi**(쓰시)라고 부르지만
우리나라에서는 '서태후'라는 별칭으로 더 잘 알려져 있다.

자희 (서태후)
(1835~1908)

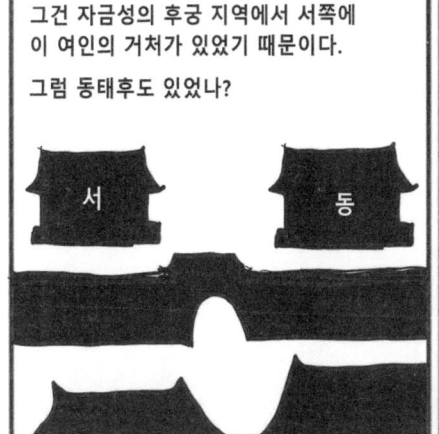

그건 자금성의 후궁 지역에서 서쪽에 이 여인의 거처가 있었기 때문이다.

그럼 동태후도 있었나?

그럼, 있었지.
쓰안타이호우
(자안태후; 慈安太后)

사실은 이 여인, 동태후가 함풍제의 정식왕비였고 서태후는 이보다 서열이 한참 아래인 후궁이었다.

자안 (동태후)
(1837~1881)

자안, 자희 그리고 수많은 후궁의 남편인 함풍제는 열아홉에 황제가 되었는데

태평천국 이놈들 장난이 아니옵니다.

휘유

심신이 피곤한 황제였다. 평생 내우외환에 시달리다가

영불연합군이 북경으로 쳐들어오고 있사옵니다.

에이휴

제 명도 못 살고 1861년 서른살에 죽었다.

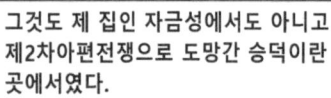

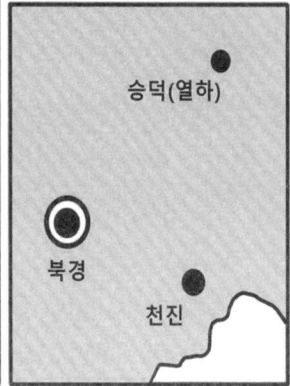

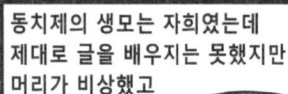

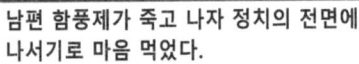

태후란 남편이 죽어 과부가 된 황제의 어머니를 이르는 말이다. 자희와 자안은 서태후, 동태후라 불리며 발 뒤에 숨어서 정사를 돌보기 시작했다.

소위 수렴청정.

놀랍게도 이런 쌍두체제는 동태후가 1881년에 병사할 때까지 별 다툼 없이 유지되었다.

극단적으로 대조적인 두 사람의 성향 덕분이었을 것이다. 동태후는 정치를 귀찮아하고 여성적인 성격이었다. 어쩌면 살기 위해서 그렇게 처신했을지도 모른다.

반면에 서태후는 물만난 고기였다. 대단한 카리스마가 있어서 조용히 이야기 하다가도 한번 두눈을 부릅뜨면 눈빛이 살벌했다고 한다.

북경에 진출한 외국인들은 누가 실세인지 금방 알아차렸다. 이렇게 비아냥거렸다지.

지금 북경에는 진짜 사나이가 딱 한 명 밖에 없다. 바로 서태후이지.

여담이지만 서태후와 동태후 사이에 딱 한번 긴장감이 흐른 일이 있었는데 이 친구 때문이었다.

Chapter12. 무력 올림픽

안드하이(안덕해)라는 환관이었는데 영리하고 눈치가 빨라서 입에 혀처럼 굴었나보다. 아홉살 아래인 환관을 애칭으로 부르며 마냥 귀여워 하였더란다.

"소안자야. 어깨가 아퍼. 네 귀여운 손으로 좀 풀어줄랭?"

"넹 넹~"

최고 권력자들은 의외로 많이 외로운가보다. 빅토리아 여왕이 하인인 존 브라운을 그렇게 총애했던 것 기억나시지?

미천한 자가 최고권력자의 귀여움을 받게되면 오직 한 사람에게만 잘보이면 아무도 못 건드린다는 걸 알게되고 그때부터 분수를 잊어버리는 일이 생긴다.

소안자가 바로 그랬나보다. 공친왕이 특히 벼르고 있었다.

"태후마마 컨디션이 거시기하니까 담에 오시라니깐."

서태후는 어떻게든 소안자를 기쁘게 해주고 싶었다.

"우리 소안자 뭘 해주면 좋아할까?"

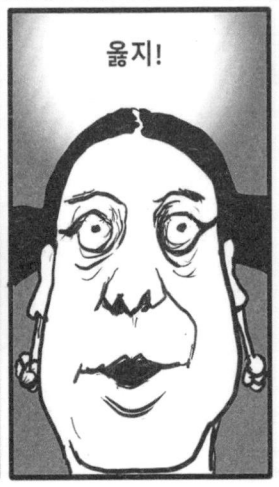

옳지!

황제가 장가 갈 나이가 다가오니 미리 예복을 장만해두야겠다.

Chapter12. 무력 올림픽

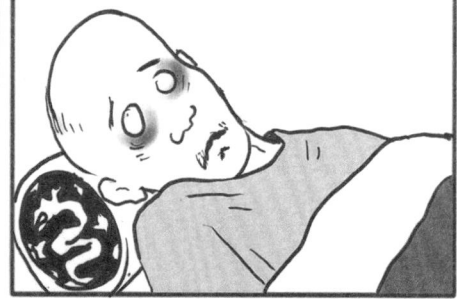

Chapter12. 무력 올림픽

동치제가 성인이 되어 섭정에서 물러나게 되자 권력을 놓기 싫어서 어미가 아들을 독살한 사건이라는 음모론인데 서태후의 이미지가 오늘날까지 표독스러운 권력중독자로 굳어지게 된 계기가 되었다.

음모설의 진위는 알 길이 없다. 어쨌던 동치제가 죽고나서 서태후는 네살짜리 조카를 양아들로 삼아서 황제 자리에 앉히고 섭정을 계속하게 되는데 이 새 황제가 광서제이다.

대충 가계도를 정리해보면 이렇다.

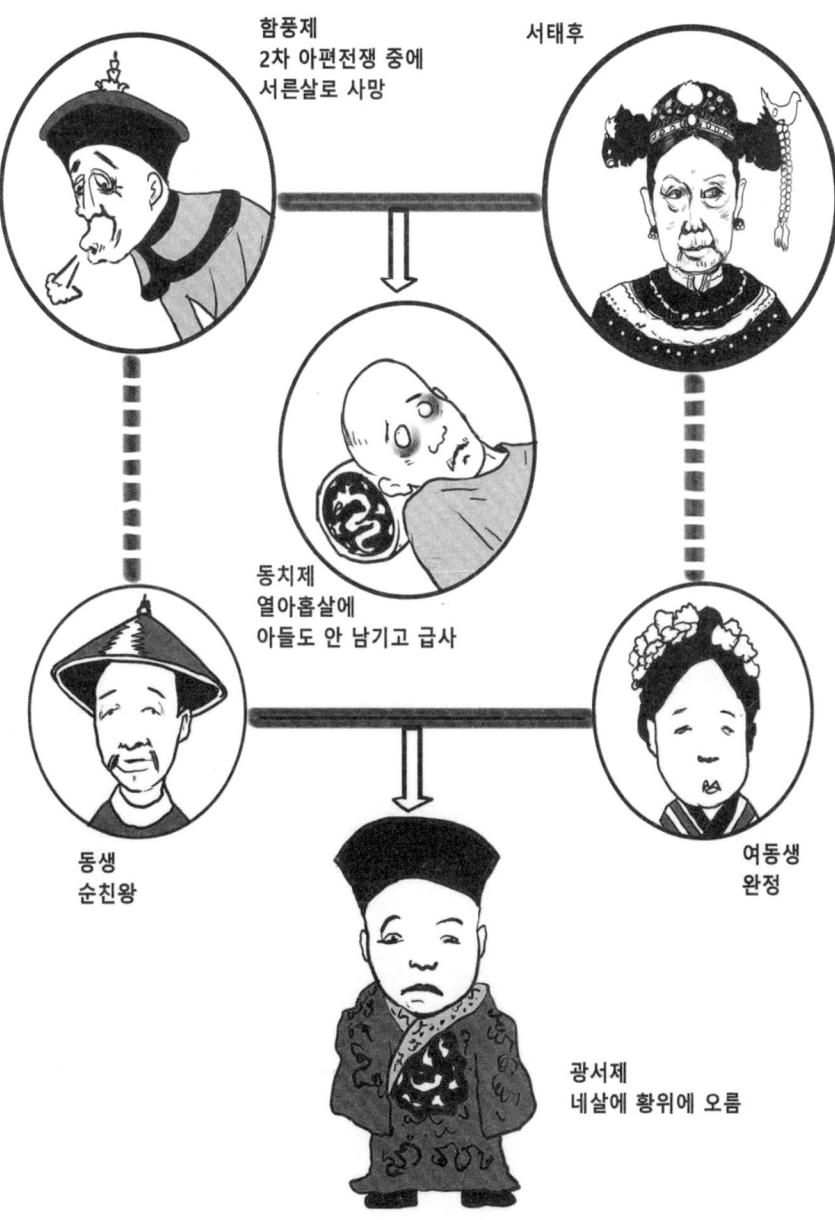

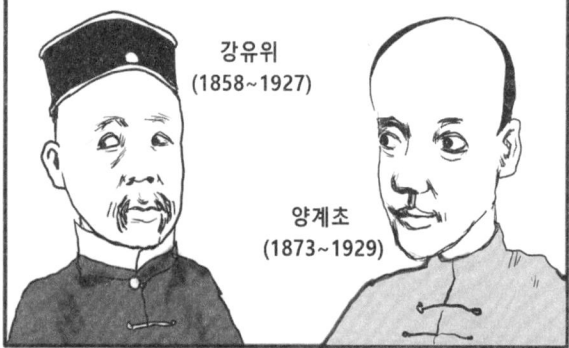

Chapter12. 무력 올림픽

광서제를 부추긴 인물이 또 하나 있었다.

"폐하, 사나이답게 과감히 독자노선을 걸으셔야 합니다."

광서제는 서태후의 조카 룽유황후를 멀리하고 진비를 총애했는데,

진비
(1876~1900)

사실 진비도 서태후가 간택했기에 배신감을 느꼈다.

서태후, 또 한번의 쿠데타를 준비했다.
보수주의자들을 포섭했다.

직례총독
룽루

감군사령관
둥푸샹

개혁파 측에서도 대비를 했는데
끈을 잡았다는게 하필 이 사나이였다.

원세개
(위안스카이)
(1859~1916)

이 자는 중국근대사 최고의 기회주의자인데
평생을 명분보다는 출세를 위하여 살았다.
다음 장에서 자세히 이야기할 기회가 있을 것이다.

광서제   서태후

이때도 원세개는 마지막 순간에 배신을 하고
서태후 쪽으로 붙어버렸다. 광서제는 이 일로
평생 원세개를 증오하였다.

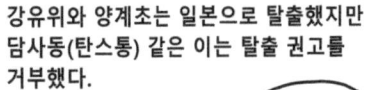

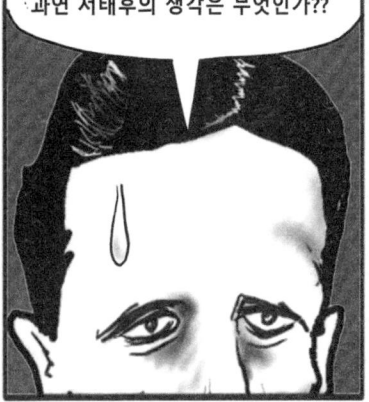

Chapter12. 무력 올림픽

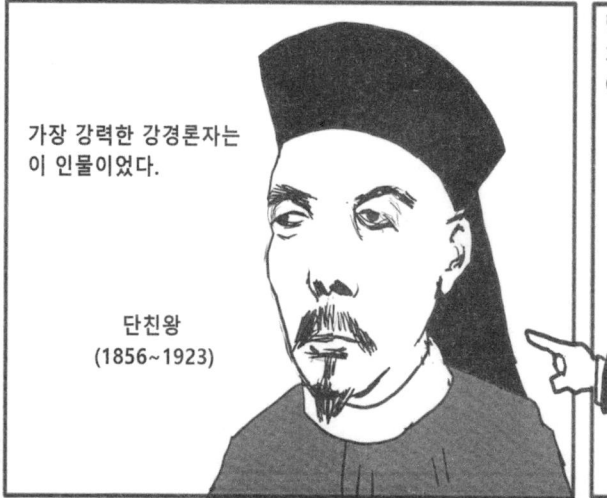

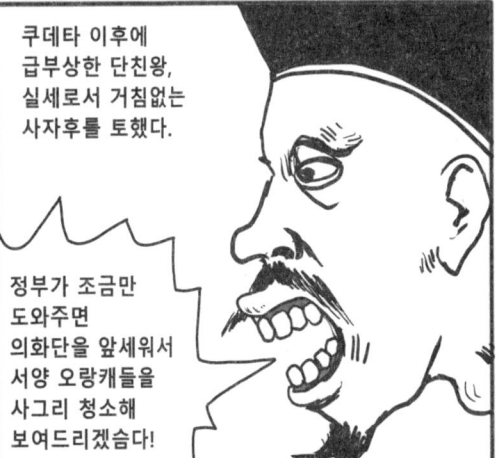

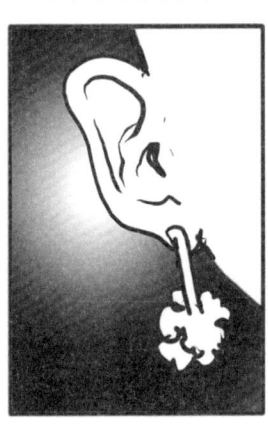

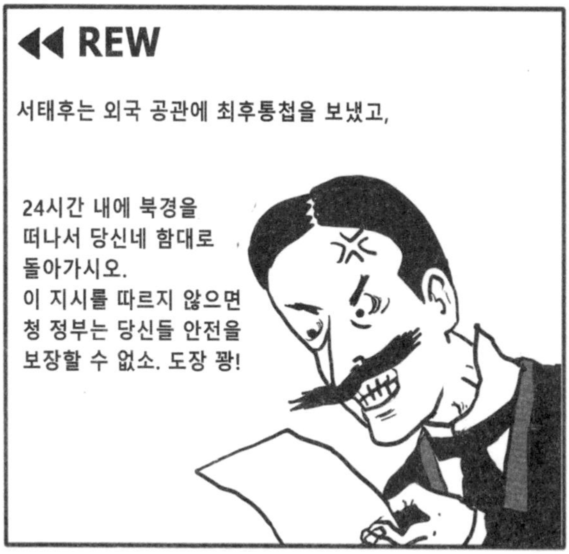

Chapter12. 무력 올림픽

◀◀ REW

서태후는 외국 공관에 최후통첩을 보냈고,

24시간 내에 북경을 떠나서 당신네 함대로 돌아가시오.
이 지시를 따르지 않으면 청 정부는 당신들 안전을 보장할 수 없소. 도장 꽝!

외국인들이 최후통첩에 따르기를 거부하자 정부군의 본격적인 개입을 지시하였다.
독일대사 케틀러가 총리아문 앞에서 암살 당한 다음날인 1900년 6월 20일의 일이다.

이때부터 사태는 단순한 민간인들의 외국인에 대한 테러를 넘어서 청제국과 8개국 연합군의 전쟁으로 양상이 바뀌게 된다. 거기에 제국주의 연합국들 사이의 경쟁심과 중화 민족감정과 주술적인 중국 무예까지 곁들여진 기묘한 드라마가 펼쳐졌다.

8개국 연합군 ; 영국, 러시아, 프랑스, 일본, 독일, 미국, 이탈리아, 오스트리아-헝가리

세이무어가 이끄는 8개국 연합군이 다구항을 떠나 천진역에 집결해서 북경을 향해 출발한건 그보다 열흘 전인 6월 10일이었다.

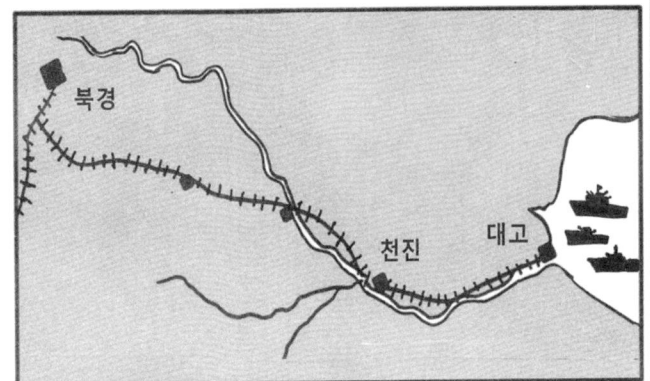

선두가 새벽에 출발하였지만 후미는 오후가 되도록 천진역을 떠나지 못하고 있었다.

이것 참...

8개국 연합군이었으니 혼란스러웠겠지.

좀 서둘러야겠네.

점심식사로 청어통조림이라구? 에이~ 그거 별론데.

그래도 첫날은 분위기가 좋았다.

고향에 부칠 참전기념사진 단돈 4딸라.

하루, 이틀이면 북경에 들어간다고 생각했으니까.

대사관에서 만찬이 있을테니 쭉 팔리지 않게 장교들은 예복을 다려놓도록 하라.

Chapter12. 무력 올림픽

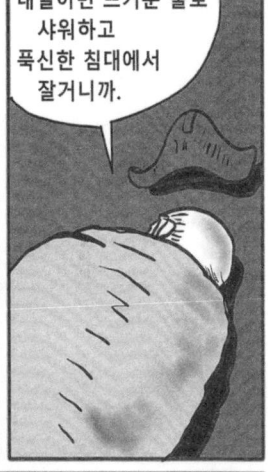

Chapter12. 무력 올림픽

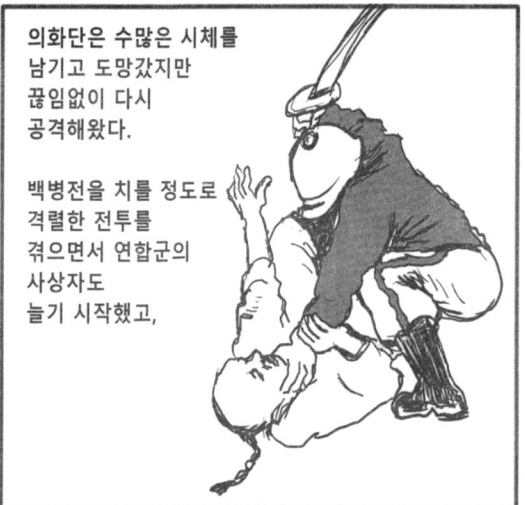

Chapter12. 무력 올림픽

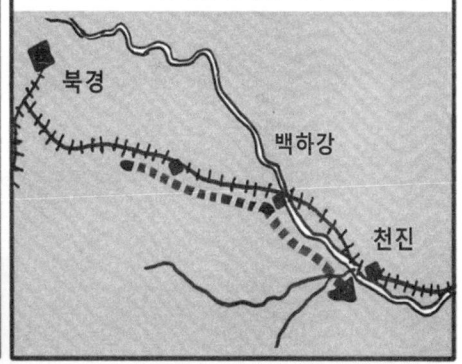

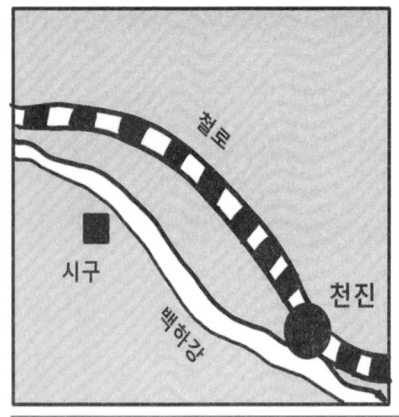

Chapter12. 무력 올림픽

보름동안 숱한 사상자만 내고 제자리로 돌아온 셈이서 스타일을 완전히 구겨버렸다.

Chapter12. 무력 올림픽

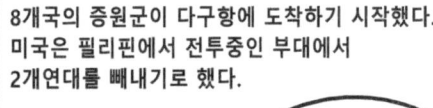

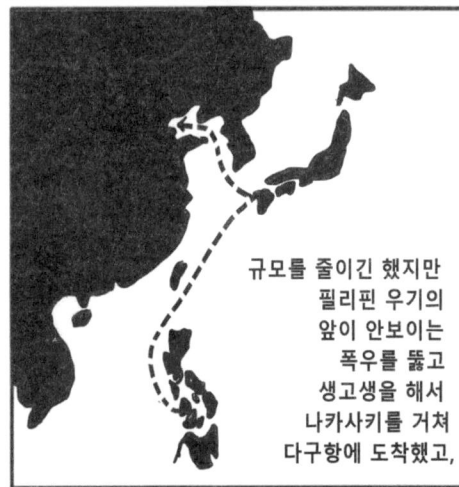

 Chapter12. 무력 올림픽

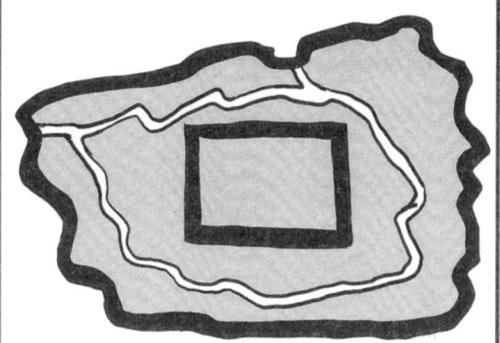

같은 시기에 빠리에서는 제2회 올림픽이 벌어지고 있었다.

프랑스인 꾸베르땡 남작의 제안으로 1회 근대 올림픽이 그리스에서 열린 후 두번째 근대 올림픽이었는데 28개국에서 참가한 천명의 젊은이들이 벌이는 인류평화의 축제였다.

삐에르 드 꾸베르땡
(1863~1937)

빠리 올림픽 때만 해도 사격경기에서 실제로 살아있는 비둘기를 날려서 맞추었다고 한다.

지구 반대편에서는 같은 태양 아래서 8개국에서 온 수만명 젊은이들이 살아있는 사람을 쏘아 맞추는 올림픽에 참가하고 있었던거지.

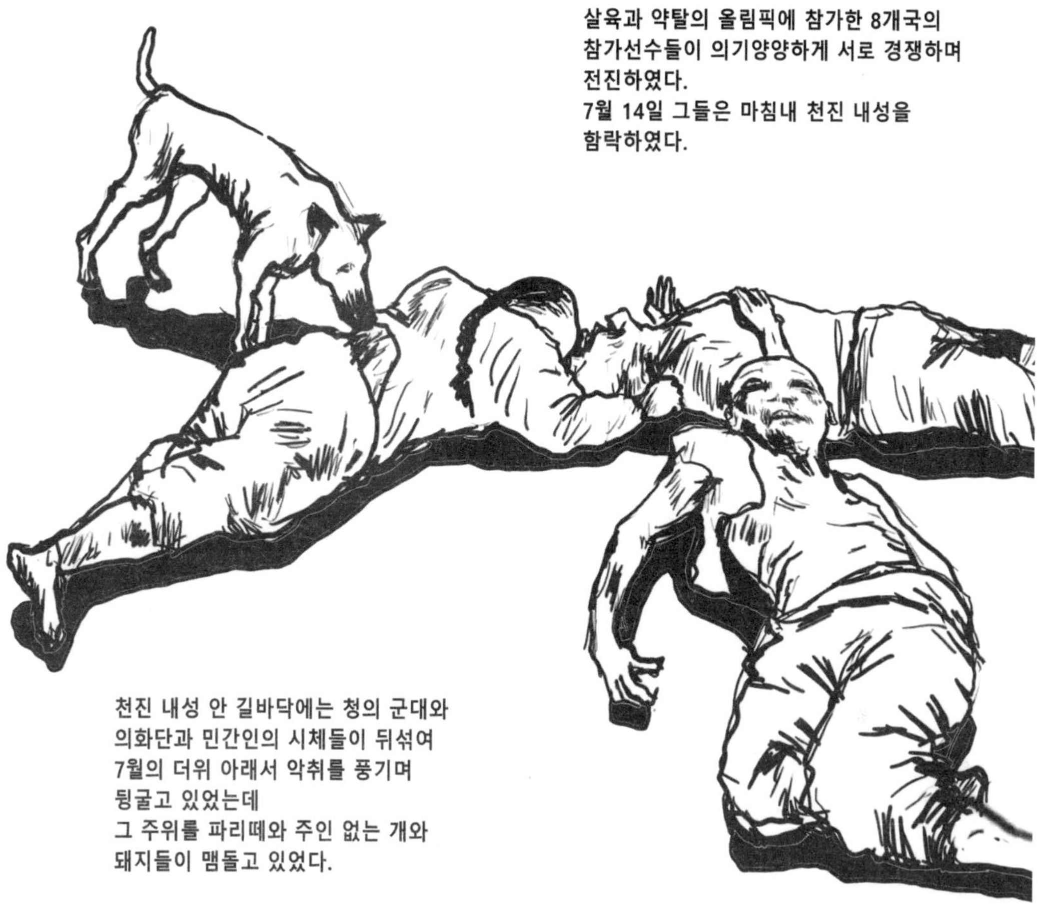

Chapter12. 무력 올림픽

살육과 약탈의 올림픽에 참가한 8개국의 참가선수들이 의기양양하게 서로 경쟁하며 전진하였다.
7월 14일 그들은 마침내 천진 내성을 함락하였다.

천진 내성 안 길바닥에는 청의 군대와 의화단과 민간인의 시체들이 뒤섞여 7월의 더위 아래서 악취를 풍기며 뒹굴고 있었는데
그 주위를 파리떼와 주인 없는 개와 돼지들이 맴돌고 있었다.

이 올림픽에서 꼭 국위선양을 하고 싶었던 일본은 감격의 금메달을 목에 걸었다.

약탈과 강간 종목에서는 모두 분전하였지만 러시아가 금메달을 차지했다.

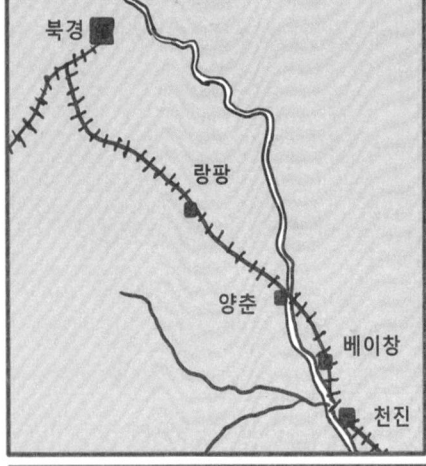

Chapter12. 무력 올림픽

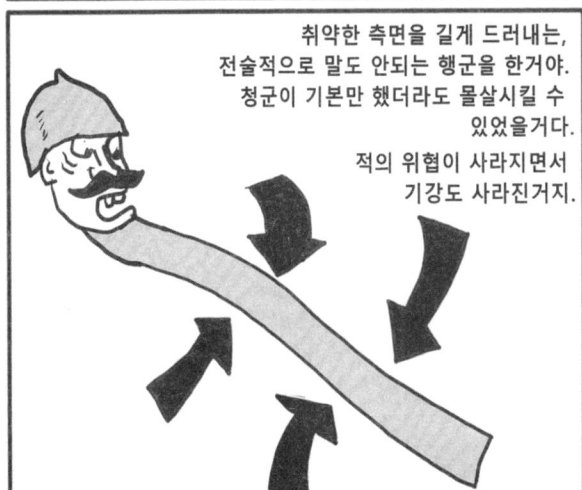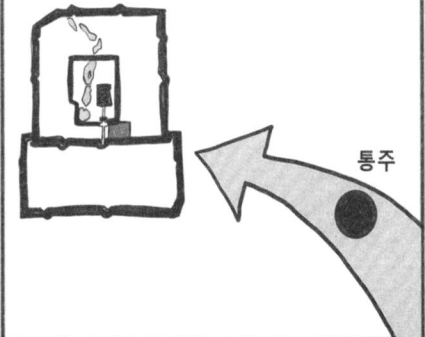

Chapter12. 무력 올림픽

73

여기서부터 1900년 그 해, 빠리 올림픽과 동시에 북경에서 벌어진 전쟁 올림픽의 마지막 레이스가 벌어졌다.

북경 성문을 누가 먼저 여느냐, 이 종목의 금메달은 미국군에게 돌아갔다. 티투스라는 깡마르고 날쌘 나팔수가 있었다.

"자네 몸무게가 얼마나 나가나?"

"54kg이요."

"이 성벽을 올라갈 수 있겠나?"

"해보죠, 뭐."

나팔수 티투스는 탄띠도 풀고 맨몸으로 암벽등반하듯 올라가 성문을 열었다. 성벽 위에 무엇이 있는지 깜깜이인 상태로 단신으로 올라갔다는건 보통 용감한게 아닌데 이게 말기의 청나라와의 차잇점이었겠지.

미국군이 자축하는 사이에 잽싸게 외국인공관에 제일 먼저 도착한 건 영국군이었다.

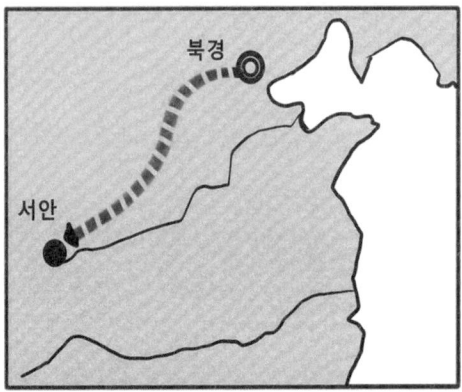

Chapter12. 무력 올림픽

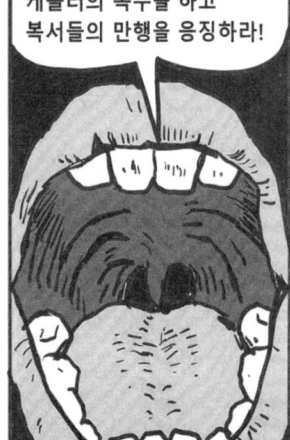
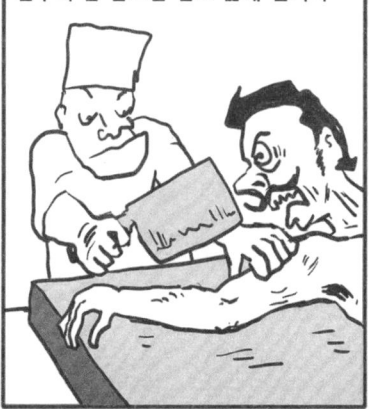

Chapter12. 무력 올림픽

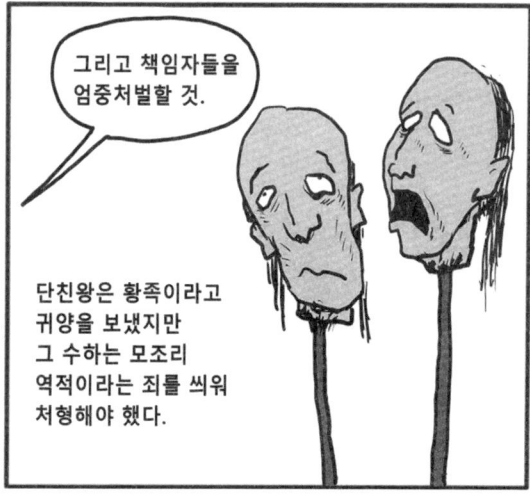

 Chapter12. 무력 올림픽

은하이는 만주족 출신의 엘리트 장교였다. 그는 케틀러를 죽인 주범으로 지목되어 연합군들이 지켜보는 가운데 동족의 손으로 처형 되었다.

내가 왜?

케틀러와 스기야마가 살해당한 장소에는 추모비까지 세워야 했다.

리훙장은 이 협상에서 받은 스트레스 때문이었는지 1년만에 죽고 말았지.

서양인들이 '복서의 반란'이라고 부르는 이 의화단 사건은 어떤 역사적 의미를 가지고 있는가?

외세에 대한 민중의 적개심이 주술적 무술의 힘을 빌어 터져나왔다.

말기증세를 보이던 청 정부는 이걸 이용하려는 허황한 생각을 하게되고

그게 실패하자 자신들이 이용했던 의화단 세력과 주전파들을 외세에 팔아넘겼다.

하다 못해 조폭 나부랭이들도 조직을 유지하려면 조직에 충성한 똘마니들의 뒤를 끝까지 봐주는 법이라고 했지?

뭐여? 막내가 칼을 맞았어야? 전쟁이여.

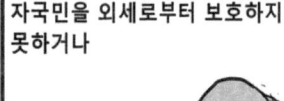

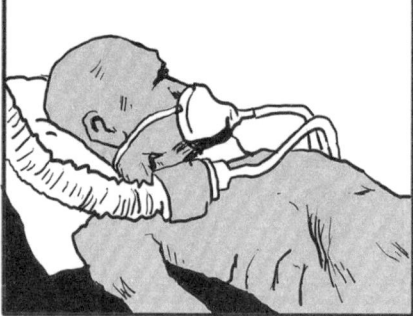

광서제의 뒤를 이은 자는 마지막 황제라는 영화로 잘 알려진 두살짜리 푸이였다.
그뒤의 이야기는 잘 아는대로 신해혁명과 청의 멸망이다.
이것으로 중국의 19세기는 청산되었다.

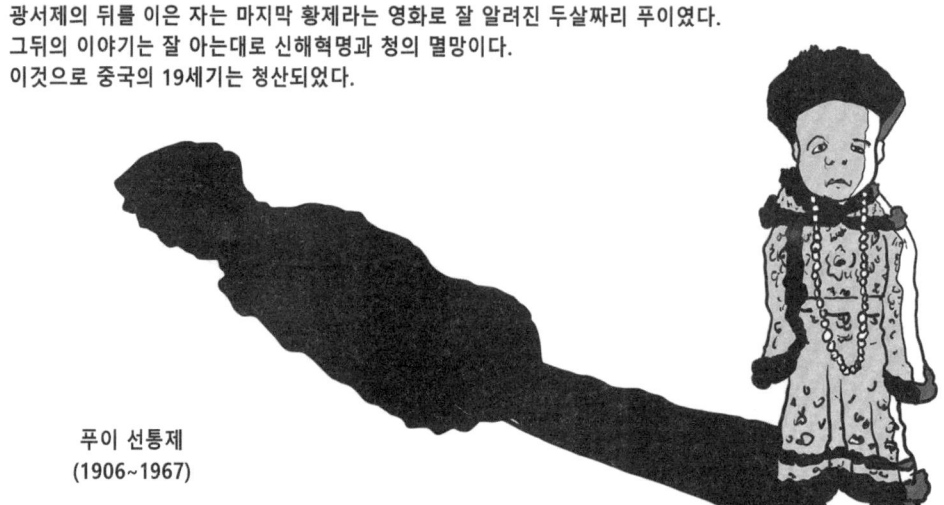

푸이 선통제
(1906~1967)

Chapter 13

언덕 위의 구름 청일전쟁과 러일전쟁

이제 우리는 견딜 수 없는 것을 견디고
참을 수 없는 것을 참아야 하오.
- 메이지 천황, 삼국간섭 후 어전회의에서

Chapter13. 언덕 위의 구름

따돌림 당하던 아이가 힘센 아이에게 시비를 걸었는데

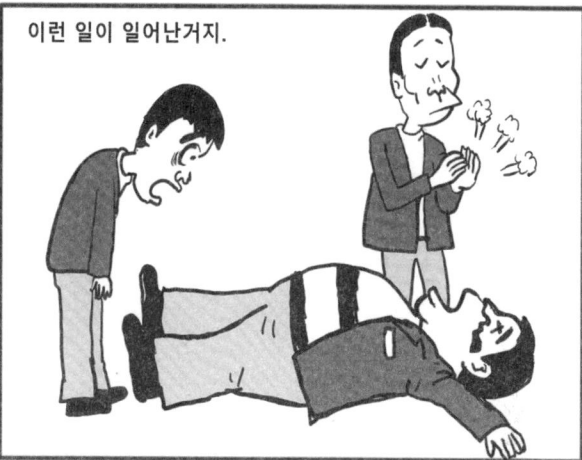
이런 일이 일어난거지.

제일 당황한건 힘센 아이만 하늘같이 믿던 이 아이.

급히 도망가서 보호해주겠다는 또 다른 조폭 뒤에 숨었는데,

자식, 옛날의 내가 아니라니깐.

이럴 수가!!!

앞으로 넌 내 빵셔틀이다.

이 아이에게는 영광의 시절이었고

······

또 다른 이 아이에게는 치욕의 시절이었지.

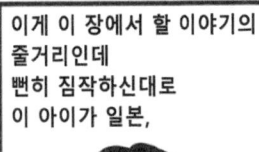

Chapter13. 언덕 위의 구름

술도 잘 마시고 글도 잘 쓰고 그림도 잘 그리고
유럽이라는 먼 대륙에 잘난 나라들이 우글우글한데

아무튼 머리 회전이 빠르고 가무잡기가 다 능통했다.
일본이 재빨리 이 나라들에게 배워 와서...

하도 언변이 좋아서 고종도 그에게 푹 빠졌었나보다.
대신들이 옥균 만큼만 똑똑하면 좋을텐데.

김옥균의 집은 지금의 정독도서관, 옛날에 수재들만 입학했다던 경기고등학교 자리였는데 양반들이 모여살던 동네, 북촌이었지.

사람 사귀는 재주가 뛰어난데다 보스 기질도 있어서 북촌 명문가 자제들의 골목대장 노릇을 했다.
그게 십수년 전에 일어난 메이지유신 이라는 거야.

모임의 면면을 보면 전 임금 철종의 사위 박영효,

홍영식
울 아부지 영의정.

민씨 집안의 총아 민영익

Chapter13. 언덕 위의 구름

1권에서 이야기 했듯 후쿠자와 유키치는 상당한 엉터리였는데 그래도 그는 시운이라도 잘 타고 났지, 김옥균 일파에게는 그런 복도 없었다.

하지만 다들 청춘이라 패기만은 넘쳤지. 좌장인 김옥균이 30대 초반, 막내 서재필이 19세였으니.

인생은 한 방이다!

자신들 몇명만 들고 일어나면 세상을 바꿀 수 있다는 착각에 빠졌는데,

청나라에서 주권을 되찾아 온 다음 나머지는 일본과 미국을 이용하면 어떻게 될거요.

제국주의의 생리라는걸 알 턱이 없었지.

아무렴, 미국은 신사의 나라니까.

이 착각을 부추긴건 일본인들이었다.

청의 세력을 몰아내려면?

일본공사 다케조에가 적극적으로 바람을 잡았다.

아 글쎄, 당신들이 불씨만 댕기면 뒷처리는 몽땅 일본이 한대두요.

1884년 12월 4일, 이들이 일으킨 우정국 개장파티에서의 쿠데타는 갑신정변이라는 이름으로 잘 알려져 있으니 생략한다.

Chapter13. 언덕 위의 구름

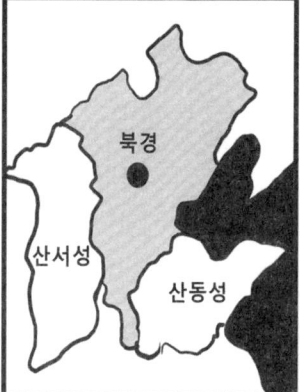

Chapter 13. 언덕 위의 구름

Chapter13. 언덕 위의 구름

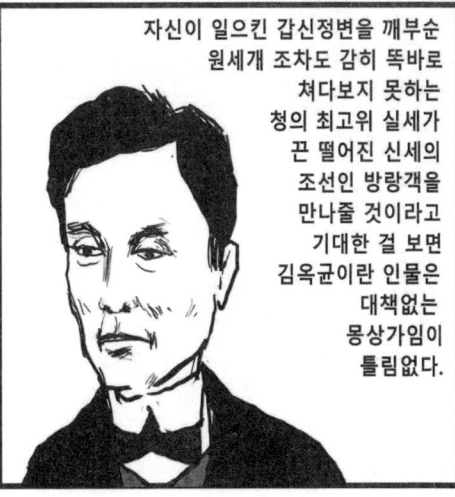

Chapter13. 언덕 위의 구름

하지만 청국은 김옥균의 시신을 조선으로 돌려보냈고 갑신정변의 복수를 고대하며 이를 갈던 민씨 일파와 수구세력들은 시신을 다섯토막 내고는 지금의 양화대교 부근 한강변에 잘린 머리를 전시하였다.

그리하여 이런 사진이 뉴욕 타임즈를 비롯한 외신에 실리게 된다.
이게 서구 근대국가에 비친 조선이라는 나라의 이미지였다.

일본의 언론들은 10년동안 눈길 한번 안주던 김옥균을 이용하여 반청, 반조선 여론을 키웠다.

"조선이나 청이나 똑같은 족속들이다."

"짱꿰들이 우리 일본을 완전 무시했다 이거지"

일본 극우 정치가와 군인들은 계산이 서있었거든.

"지금 조선은 청의 원세개와 러시아의 묄렌도르프가 말아먹고 있소."

"일본이 비집고 들어갈 틈을 하루빨리 만들어야 하오."

Chapter13. 언덕 위의 구름

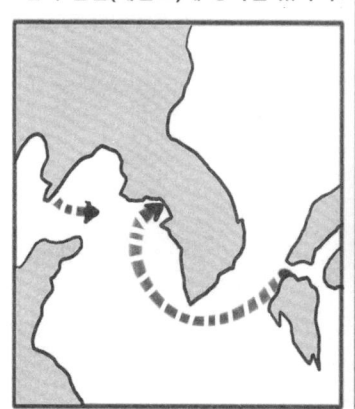

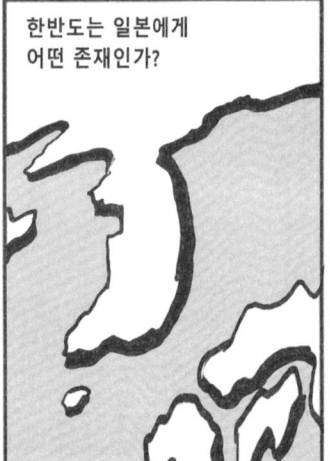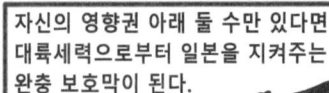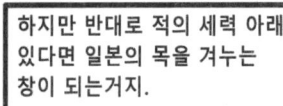

Chapter 13. 언덕 위의 구름

그 러시아가 시베리아횡단철도를 건설하고 있었다.
거의 1만 km에 이르는 대공사, 얼었다 녹기를 반복하는
툰드라지역을 통과해야 하는 난공사.
하지만 완성되는 날엔 만주지역으로 물자와 병력을
손쉽게 옮길 수 있게되고 그러면 만주 뿐 아니라
한반도까지 러시아의 세력권으로 들어가게 되는거지.

모스크바
바이칼호수
이르쿠츠크
블라디보스톡

러시아가 시베리아횡단철도를 완성하기 전에 조선에서 청을 몰아내고 한반도를 확실한 우리의 영향력 아래로 가져와야 한다!

육군원수
야마가타 아리토모

제국주의 열강들이 가만히 있어줄까?

전쟁성 장관
오야마 이와오

영국만 우리편으로 만들면 되오.
영국도 러시아의 남하 때문에 노이로제를 앓고있거든.

이토
히로부미

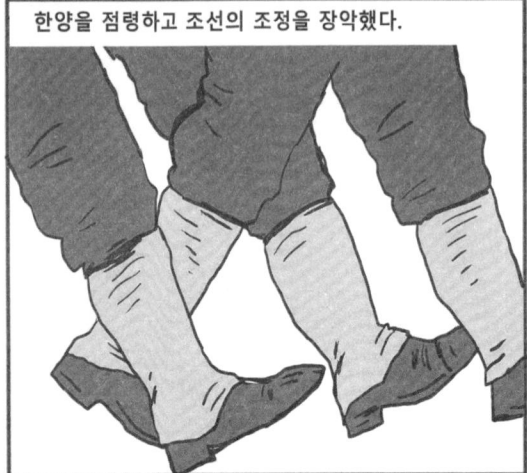

Chapter13. 언덕 위의 구름

팔기군을 대신하여 지역의 유력자들이 양성한 군대가
정부에 협조하는 식으로 사병도 아니고 정규군도 아닌
어정쩡한 국방체제가 정착하게 되었다.

공권력과 사적 권력이 정확하게 구분되지 않는
전근대적인 체제였는데 대표적인 예가 태평천국의 난을
진압한 증국번의 상군이었다.
상군이란 명칭 자체가 증국번의 고향인 호남성의
상향에서 따왔을 정도로 리더 개인의 카리스마에
복종하는, 국가의 정식 지휘체계와 동떨어진
사병적 성격이 짙은 군대였다.

이 상군이 바로 이후 중국 근대사에 숱하게 출몰하는
군벌들의 원조인 셈이다.

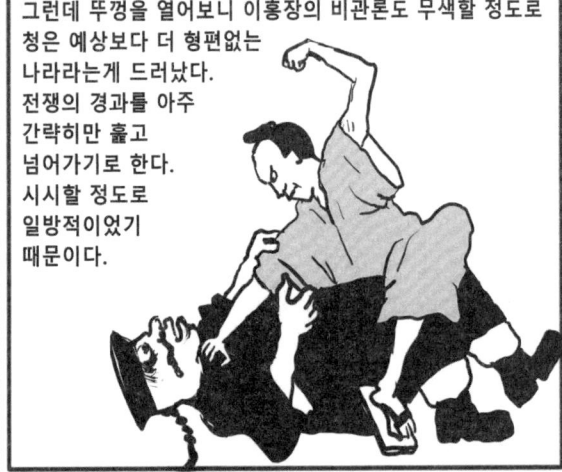

Chapter13. 언덕 위의 구름

청은 배로 병력을 조선의 아산만으로 실어날랐는데 호위함들이 풍도 앞바다에서 순찰중이던 일본 군함에게 격침되었다.

청의 호위함 제원과 광을은 전투지역에서 전투배치도 하지 않고 있다가 당했다. 제해권이라는 개념도, 작전수칙도 없는 군대였던거지. 제원은 여순으로 도망치고 광을은 격침되는 것으로 청일전쟁의 막이 올랐다.

찌 질

이어서 무방비로 들어오던 병력수송선을 격침시켰는데 영국회사 쟈딘 매터슨이 청과 수송계약을 맺고 병력을 날라주던 고승호였다.

돈만 내세요. 어느 편이든 우리 쟈딘 매터슨의 탁월한 서비스를 이용하실 수 있습니다.

일본 해군은 청군 천여명은 아산만 앞바다에 그대로 수장시키고 영국인 선원들만 골라서 구조하였다.

고승호를 격침하고 백인들만 구조했던 나니와함의 함장이 바로 도고 헤이하치로. 러일전쟁의 일본함대 사령관으로 다시 등장할테니 이 인물을 기억해주시기 바란다.

토고 헤이하치로
(1848~1934)

영국인 희생자는 없으니까.

영국은 그냥 넘어가주었지. 외교적으로 다 손을 써놓았다니까.

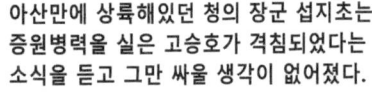

Chapter13. 언덕 위의 구름

Chapter13. 언덕 위의 구름

하지만 청일전쟁에서 해전의 승패를 가른건 이런 하드웨어라기보다 소프트웨어였다.

뭔 소리?

지금은 교육과 TV의 보급으로 다들 보통어(표준어)를 익혀서 별 문제가 없지만

옛날엔 고향이 다르면 일단 말이 통하지 않았다. 지방색이 강해질 수 밖에 없는거지.

화교들끼리 단결력이 강하다고 하지만 사실은 같은 고향 출신의 화교들끼리만 잘 뭉치는 것이다.

청일전쟁에서 이홍장의 인사를 보면 확연히 드러난다. 육전의 총사령관 섭지초는 무능한 기회주의자였지만 상관에게만은 죽으라면 죽는 시늉도 할 수 있는 특기가 있었다. 여기에 더하여 이홍장과 같은 안휘성 합비 출신이었기에 총사령관에 임명될 수 있었다

해군 사령관으로 임명한 정여창 역시 안휘성 출신이었다.

정여창(딩루창)
(1836~1895)

이 사람은 섭지초보다는 강직한 인품의 인물이었으나 해군 지휘관으로서 소양과 능력을 가지고 있느냐는 점에서는 역시 의문의 인사였다.

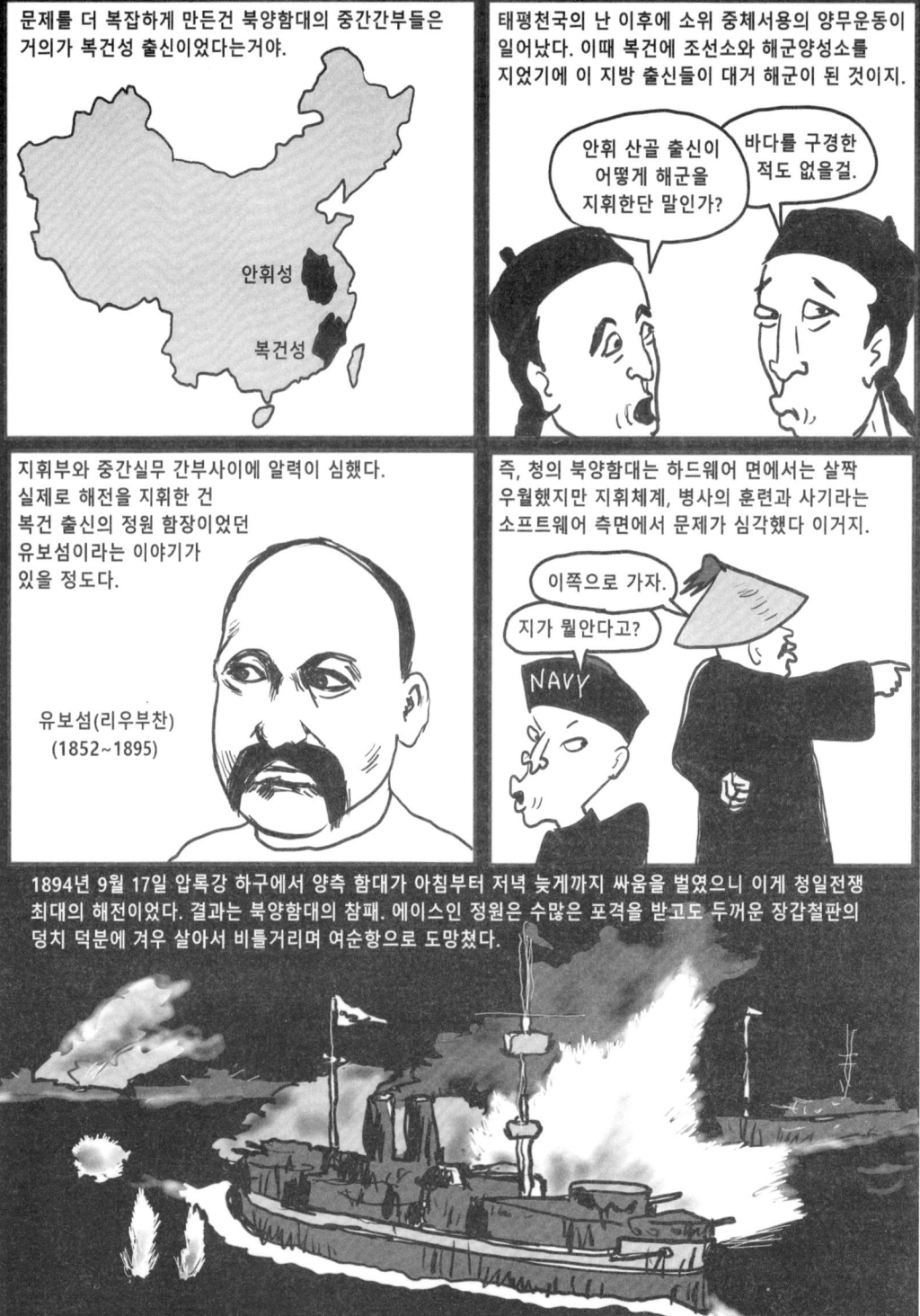

Chapter13. 언덕 위의 구름

Chapter13. 언덕 위의 구름

해전의 지휘관으로서는 무능했지만 정여창은 그나마 자존심이 남아있는 군인이었나보다.

"이런 군대는 처음 보았도다."

1895년 2월 12일 일본에 항복문서를 보낸 후 아편을 잔뜩 먹고 자살하였다.

"황제폐하의 은혜에 보답하지 못하고 신은 먼저 갑니다."

앞서 이야기한대로 전쟁의 경과는 시시할 정도다. 오히려 전쟁이 끝난 후의 이야기가 훨씬 더 드라마틱하다.
우선 종전협상의 이야기.
일본측에서는 이토 히로부미와 무쓰 무네미쓰를 내세웠다. 무쓰 무네미쓰는 외교대신이었는데 이토 히로부미와 달리 청일전쟁을 강력히 주장하고 밀어붙였던 인물이다.

무쓰 무네미쓰
(1844~1897)

이토 히로부미와 무쓰 무네미쓰이면 일본으로서는 올스타로 협상단을 꾸린 것이다. 반면 청이 보낸 협상 특사는 장음환과 소우렴이었다.

장음환
(짱인후안)
(1837~1900)

일본 협상단에 비해서는 중량감이 떨어지는 인선이었다.

"이홍장이 안 나오고 미들급을 보냈다고? 청국은 아직도 일본을 깔보는 모양이군."

Chapter13. 언덕 위의 구름

Chapter13. 언덕 위의 구름

1891년 5월 러시아의 황태자가 블라디보스톡에 가는 길에 일본을 들렀다. 러시아가 군사적으로 팽창하는 미묘한 시기인지라 일본 정부는 이 기회에 관계를 개선해보려고 온갖 정성을 다 들였지.

다행히 황태자도 일본문화에 관심을 보이고 주위의 군중들에게 친근감을 표시하는 등 모든 것이 순조롭게 흘러간다 싶었는데

쿄토 근처에서 인력거를 타고 가다가 느닷없이 암살범의 습격을 받은거야. 더구나 암살범은 일본 정부가 경호원으로 붙여준 경찰 가운데 한 명이었다.

옆에 탔던 사촌이 지팡이로 범인의 두번째 공격을 막아 황태자는 이마에 상처를 입는데 그쳤지만

일본은 당시에 러시아가 이 일로 전쟁을 일으킬까봐 별 짓을 다했다. 당연히 범인 쓰다 산조는 사형에,

"로스케들이 일본을 깔보잖아"

메이지천황이 사고당일 즉시 밤을 새워 기차를 타고 문병을 가는가 하면

어떤 여인은 사과의 뜻으로 쿄토시청 앞에서 자신의 목을 면도칼로 그었다. 일본인들은 이 여인을 애국열녀로 치켜세웠지.

Chapter13. 언덕 위의 구름

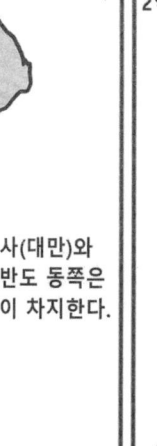

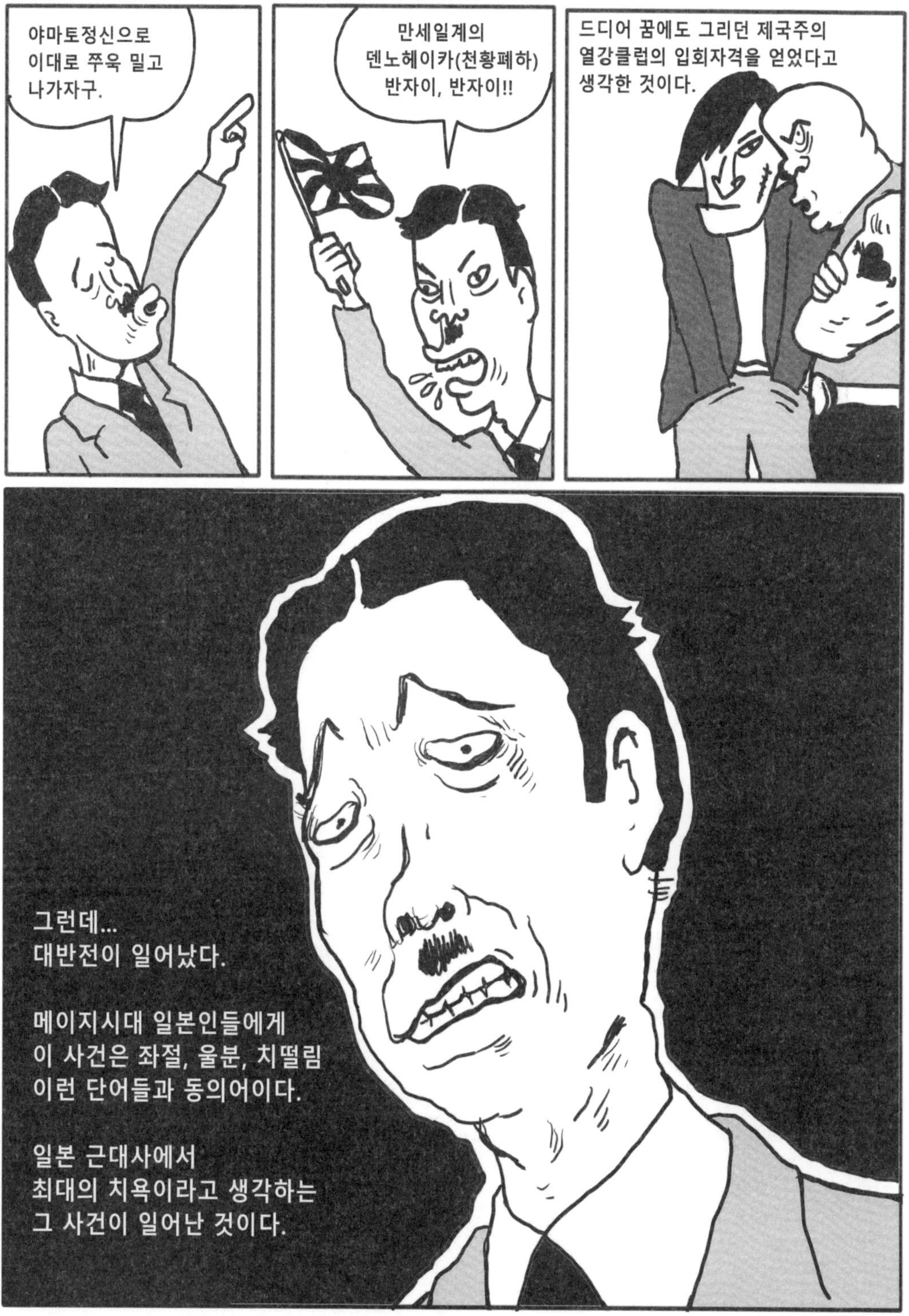

Chapter13. 언덕 위의 구름

야마토정신으로 이대로 쭈욱 밀고 나가자구.

만세일계의 덴노헤이카(천황폐하) 반자이, 반자이!!

드디어 꿈에도 그리던 제국주의 열강클럽의 입회자격을 얻었다고 생각한 것이다.

그런데...
대반전이 일어났다.

메이지시대 일본인들에게
이 사건은 좌절, 울분, 치떨림
이런 단어들과 동의어이다.

일본 근대사에서
최대의 치욕이라고 생각하는
그 사건이 일어난 것이다.

Chapter13. 언덕 위의 구름

이로부터 딱 반세기가 흐른 후에 2차 세계대전에서 패한 일본은 히로시마와 나가사키에 원자폭탄을 맞고나서 항복을 선언하는 방송을 히로히토 천황이 직접 하게 된다. 1945년 8월 15일 정오에 울려퍼진 소위 옥음(옥구슬 목소리)방송이라고 한 이 연설에서 그는 억울함과 비통함을 표현하느라 두고두고 유명한 수사를 사용했는데,

이제 우리는 참을 수 없는 것을 참고,

견딜 수 없는 것을 견뎌야만 합니다.

흑, 흑

그런데 이 비장한 문구는 사실 50년 전 그의 할아버지 메이지 천황이 삼국간섭을 수락하면서 사용했던 표현이다.

이제 우리는 참을수 없는 것을...

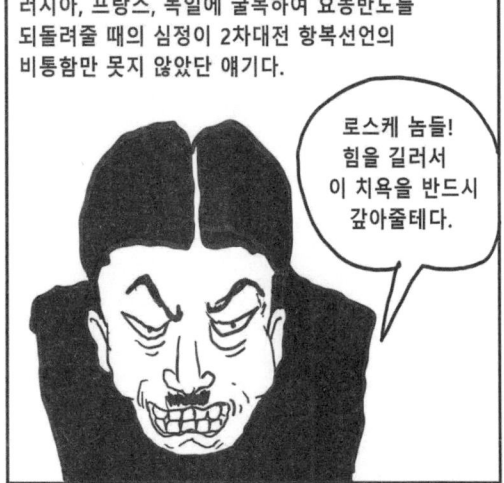

러시아, 프랑스, 독일에 굴복하여 요동반도를 되돌려줄 때의 심정이 2차대전 항복선언의 비통함만 못지 않았단 얘기다.

로스케 놈들! 힘을 길러서 이 치욕을 반드시 갚아줄테다.

Chapter13. 언덕 위의 구름

베베르가 한국에 초대 러시아대사로 부임하면서 먼 친척을 가정부로 데려왔는데 알자스 출신이라 이름은 프랑스식, 성은 독일식으로 앙뚜아네뜨 손탁(존탁)이었다.

이 여인, 수완이 좋았나보다. 알자스 출신이니 불어와 독어는 기본으로 했을거고 요리솜씨도 좋았다고 한다.

궁내부에 두고 외국인들 접대를 맡기면 크게 도움이 될것이옵니다.

베베르는 조선의 궁에 정보원을 두고 싶었겠지. 어쨌던 이 여인, 한국말도 빨리 배워 고종에게 커피 맛을 가르쳤고

호오~ 요건 부드러우면서도 진한 향이 있구나.

모카라는 품종이옵니다.

나중엔 하사받은 왕실부지에서 손탁호텔을 운영하였는데 지금의 정동에 있는 이화여고 자리였다.

변변한 건물이 없던 한양에서 손탁호텔은 외국인들의 사교클럽 노릇을 했고 손탁은 외교가의 마당발이 되었지.

젊은 기자시절의 처칠이나 루즈벨트 대통령의 딸 엘리스도 여기에 묵었고 이토 히로부미도 이 곳에 머물면서 한일합방을 지휘했단다.

민왕후,

우유부단하고 겁이 많았던 남편 고종에 비해 총명하고 과감했고 야심도 있었던 여인.

시아버지 흥선대원군이 지긋지긋한 외척세력의 발호를 사전에 차단하려고 일부러 한미한 집안의 규수를 골랐으나 민왕후는 시아버지의 남편 고종에 대한 영향력을 단호히 물리치고 정치에 직접 관여할 정도로 당차고 야무졌다.

Chapter13. 언덕 위의 구름

그녀를 명성황후라 부르지 않으려고 한다.
고종이 황제에 오른 사건은 허세 뿐인
조선 근대사의 코메디였기에 왕후가 죽은 후
오랜 시간이 지나
붙여진 명성황후라는
시호도 어색하다.
그냥 민왕후라 하자.

이노우에 카오루는 이미 외무성 장관을 지냈던 거물이다.
같은 쵸슈번 출신인 이토 히로부미와 이 사태를 깊이
의논했으리라.

"이대로 가다간 조선에 심어놓은 우리 조직이 결딴나겠소."

"어쩌시려우?"

1895년 9월 1일 이오우에 카오루의 후임으로 역시 쵸슈번 출신인 미우라 고로가 조선공사로 부임했다.

이 자는 군인출신으로서 거물들이 꾸며놓은 계획을 실행할 행동책으로 부임했을 것이다.
어쨌던 이 자가 직접 손에 피를 묻힌 자이다.

미우라 고로가 부임한지 한 달이 지난 10월 8일 새벽,
한양 시내를 가로질러 경복궁으로 향하는 무리가 있었는데

미우라 고로
(1847~1926)

양복을 입은자, 제복을 입은자, 하오리를 입은 자들이 뒤섞여
칼이며 총을 든 수십명의 괴한들이 온갖 폼을 다 잡으며
가을 달빛 아래를 활보하고 있었다.

이들 대부분은 스스로를 지사, 협객, 또는 낭인이라 부르는 무리였는데 쉽게 말하자면 건달 혹은 극우 정치깡패들이었다.
정치인들의 행동대 역할을 하던 천우협이나 현양사(겐요샤)같은 야쿠자들이 기승을 부리던 시대였다.
메이지시대 일본의 극우정치인들은 이런 야쿠자들의 뒤를 봐주면서 식민지 진출의 어둡고 더러운 공작을 맡겼다.
중국에 진출할 때 활약한 흑룡회(고꾸류까이) 같은 조직이 대표적인 예이다.

이들 무리가 경복궁에 도착한 후 벌어진 일은 구역질 나는 역사이니 최대한 간단히 경과만 정리한다.

일본 경관 몇 명이 사다리를 타고 담을 넘어가 궁의 문을 열었고

건달 무리들은 궁궐 북쪽 끝의 건천궁으로 몰려갔다. 그곳은 왕실의 주거공간이었는데 바로 이들의 목표지점이었거든.

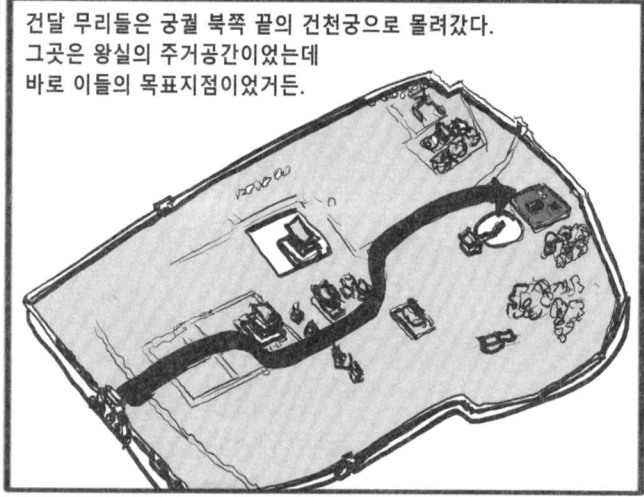

시위대가 막아섰지만 청일전쟁으로 거의 무장해제 상태였던 터라 일방적으로 당했고

홍계훈이라고 있었지? 전주에서 동학농민군과 화약을 맺었던.

이 와중에서 뒤에서 쏜 총에 맞아 전사했다.

Chapter13. 언덕 위의 구름

안으로 쳐들어가니 한 여인을 가운데 두고 많은 여인들이 필사적으로 감싸안고 있었다.

여인들은 건달들에 의해 멋진 유도 실력으로 건물 밖으로 내동댕이 쳐져 돌기둥에 머리가 터졌다. 아녀자를 집어던진 일도 무용담이라고 두고두고 자랑했으리라.

부끄럽고 참담한 일이 벌어졌다.
한 나라는 무참한 짓을 해서 부끄럽고
부끄러운 줄을 몰라 더 부끄럽고,
또 한 나라는 스스로를 건사하지 못한 무능이 치욕스러웠다.

Chapter13. 언덕 위의 구름

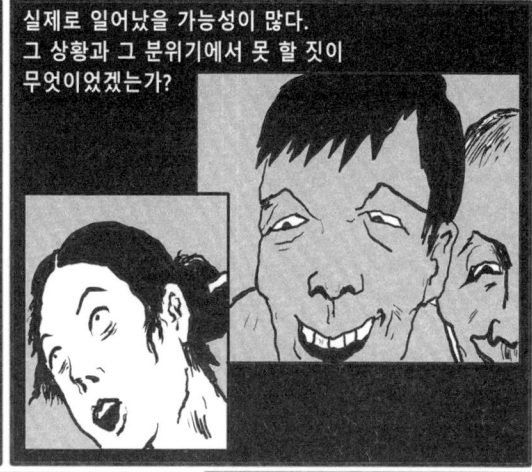

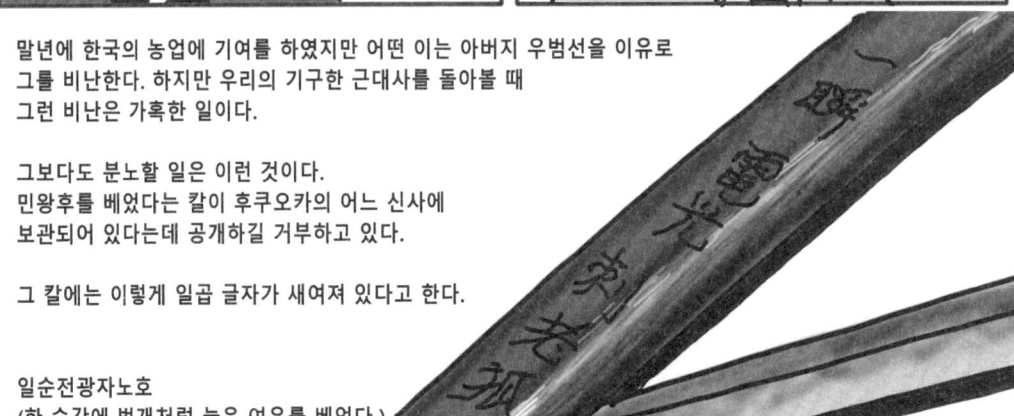

Chapter13. 언덕 위의 구름

이제부터 러일전쟁의 이야기를 할 참인데 일본의 입장에서 메이지유신 이후 근대화와 군국화가 이루어진 맥락으로 스토리를 풀어나가다 보니 사건의 전후 시간순서를 헷갈릴 수도 있겠다 싶어 정리한다.
청일전쟁이 일본의 승리로 마무리되고 삼국간섭이 있은 후에 민왕후의 시해사건과 이에 놀란 고종이 러시아공사관으로 도망 간 사건(아관파천)이 있었고 그 이후에 앞 장에서 미리 이야기한 의화단사건이 벌어졌다. 지금부터의 이야기는 그 다음에 일어난 사건, 메이지시대 영광의 정점이랄 수 있는 일본과 러시아의 전쟁이다.

청일전쟁
(1894~1895)

의화단사건
(1899~1901)

러일전쟁
(1904~1905)

의화단사건으로 난리가 난 사이에 러시아는 만주 일대에 군대를 주둔시켰는데,

우리 철도를 보호해야 하기 때문에...

난리가 다 진압되고 난 뒤에도 철수할 생각을 않고 미적대는거야.

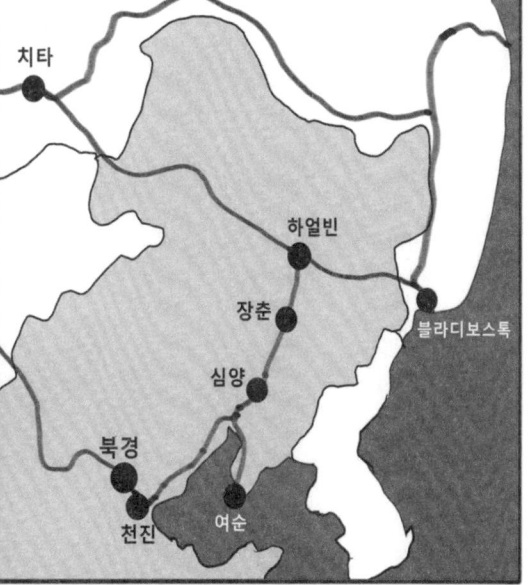

여기서 우리 철도라고 하는건 청의 영토 안에서 러시아가 건설하고 있던 만주철도인데 동아시아 힘의 균형을 둘러싸고 대단히 중요한 전략적 의미를 갖고 있었다.
지금부터 이 철도와 만주와 조선을 둘러싼 러시아와 일본 그리고 열강들의 이해관계를 잠시 이해하고 넘어가자.

치타 · 하얼빈 · 장춘 · 블라디보스톡 · 심양 · 북경 · 천진 · 여순

사실 러시아는 동서로 길게 이어진 광활한 영토를 가지고 있지만 우랄산맥 서쪽만이 유럽문화권의 진짜 러시아였고 그 동쪽은 오랫동안 버려진 유배자의 땅이었다. 서유럽에 바짝 붙은 상페테스부르그는 스스로 유럽보다 더 유럽스러운 도시가 되기를 갈망했고 그렇게 발전하였다.

러시아 영토확장의 첫걸음은 자연스럽게 버려져 있었던 우랄산맥 동쪽의 개발이었고 그래서 동쪽 끝 해안에 건설한 도시가 블라디보스톡이다. "동방을 정복한다", 이런 뜻이라지.

헌데 동쪽으로 세력을 확장하기 위해서는 사람과 물자를 보낼 수 있는 수송수단이 먼저 해결되어야 했기에 툰드라의 악조건을 뚫고 시베리아횡단철도(Trans-Siberia Railway)를 건설하기 시작했다.

Chapter13. 언덕 위의 구름

블라디보스톡을 개발하고 서쪽에서 동쪽을 잇는 철도를 건설하는 것도 의심스러운 눈으로 쳐다보는 나라가 많았지만 지 땅에다 지가 짓겠다는데야 뭐라겠는가?

저 인간들이 왜 저러는걸까요?

뻔한 수작 아니겠소?

그런데 러시아가 청나라를 어떻게 구워삶았는지 중국 땅에도 철도를 건설할 권리를 얻어낸거야.

국경을 넘어 치타에서 하얼빈을 잇는 철도를 부설하고,

치타

하얼빈

거기서부터 블라디보스톡을 잇는 북만주철도를,

또 요동반도를 25년동안 조차해서 하얼빈과 여순을 잇는 남만주철도를 부설한다.

이 과정에서 러시아가 이홍장에게 어마어마한 뇌물을 건넸다는 설도 있는데...

사실무근이오. 명예훼손 부분은 법적으로 대응할거요.

이 소식을 듣고 누가 제일 이를 갈았겠어?

지들이 먹어치우려고 삼국간섭이란걸로 여순을 뺏아갔어!

헌데 러시아의 이 야심에 신경이 곤두선 나라가 또 하나 있었으니,

바로 영국.

나도 할 말 있소.

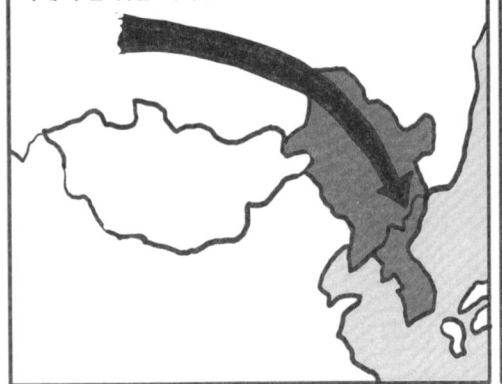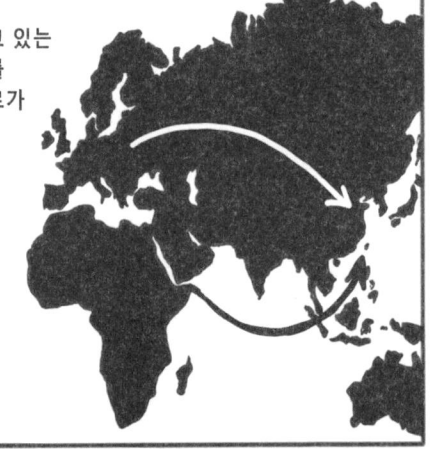

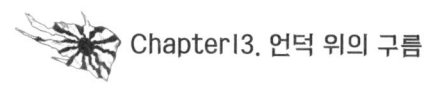

Chapter13. 언덕 위의 구름

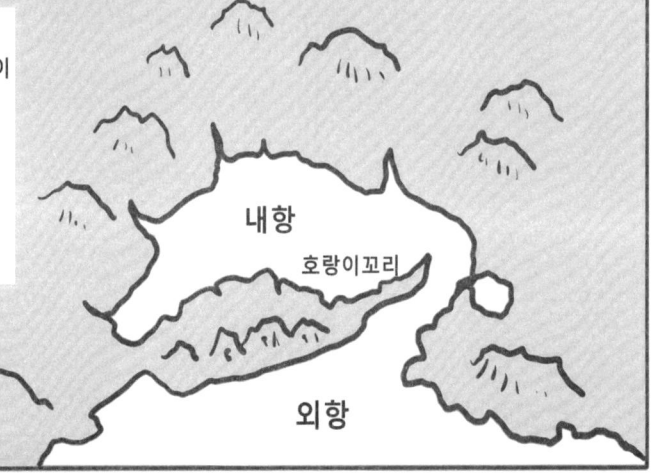

Chapter13. 언덕 위의 구름

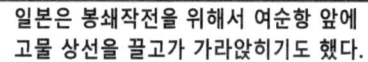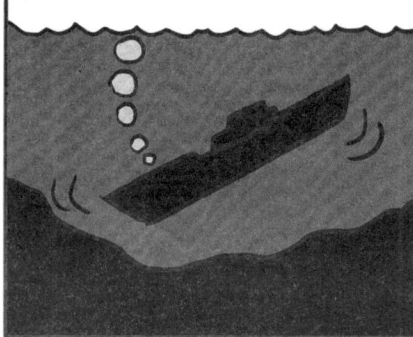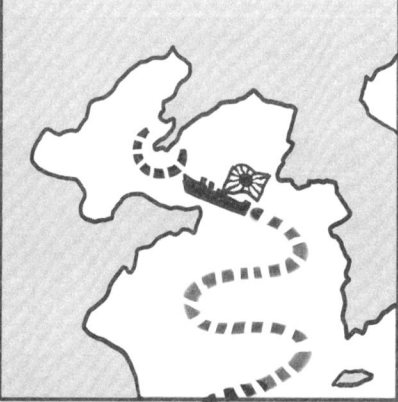

Chapter13. 언덕 위의 구름

만일 러시아와 일본이 황해의 제해권을 비등하게 나눠가지고 있었다면 만주전선으로 출병하는 일본육군은 조선의 마산포 정도에 상륙해서 길고긴 행군을 거쳐 녹초가 된 상태로 만주전선에 투입되었을 것이다.
길게 늘어진 보급루트는 작전을 어렵게 만들었을거고.

그러나 황해의 제해권을 일본이 쥐게되자 곧바로 압록강 연안이나 요동반도 남해안으로 병력을 상륙시켜 만주전선에 투입할 수 있게 되었다.

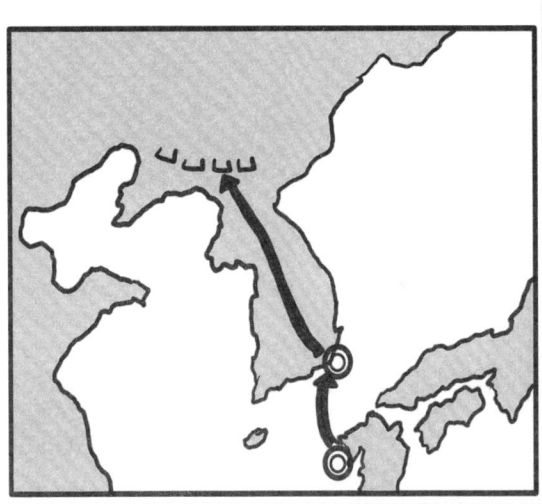

이렇게 되면 여순항은 해상 뿐 아니라 육로로도 만주의 러시아 병력과 차단되어 완전히 봉쇄될 수 있는데 나중에 실제로 그런 일이 벌어지고 말았다.

극동함대는 여순항에서 꼼짝도 하지 않는다는군요.

스타르크로는 도저히 안될 것 같지 않소?

일본은 해상 및 육상작전을 통합적으로 볼 수 있는 안목과 조직이 있었던 반면에 러시아에는 그게 없었다. 제해권이라는 개념이 희박했고 육군 따로 해군 따로 작전을 펼친 점에서 전근대적 군대였던거지.

그 와중에서도 무능한 말기 러시아 체제에서는 드물게 빛나는 인사조치를 단행하였다. 최고의 적임자를 극동함대로 보내 스타르크를 교체한거지.

새로이 극동함대 사령관으로 부임한 인물은 바로...

Chapter13. 언덕 위의 구름

그런데 천재 마카로프에겐 그런 운이 없었나보다...

부임한지 두달도 안된 4월 13일 운명의 날

러시아 기함 페트로파브로프스크호가 일본과의 교전을 마치고 돌아오다가 여순항 입구에서 기뢰를 건드렸다.

기함에서 지휘하던 러시아 해군의 자랑 마카로프도 허무하게 사라졌다.

일본이 아무리 기뢰를 깔았다 해도 바다는 넓은 곳이다. 하필이면 러시아의 기함이 기뢰를 건드린 것은 마카로프의 불운이고 도고의 엄청난 행운이라고 할 수 밖에 없다.

⋯⋯

쿠오옹

이날 이후 러시아 극동함대는 다시 여순에 갇히고 황해의 제해권은 일본에게 넘어갔다.

군함은 계속 바다에 떠있을 수만은 없다. 전투가 끝날 때마다 도크에 들어가 정비도 하고 이 당시 연료인 석탄도 엄청난 양을 실어야 하고 승무원도 보충해두어야 한다.

일본은 홈그라운드의 수많은 군항을 사용하며 자유롭게 기동할 수 있었으나 러시아 극동함대는 여순에 묶여서 항내의 조그만 도크 하나에 의존해야 했다.

이때부터 군함의 규모나 숫자같은 하드웨어를 떠나서 보이지 않는 전력의 차이가 벌어지기 시작한거지.

내가 잘나서 그런게 아니었다고?

한편, 땅 위의 전쟁은 어떻게 되어가고 있었을까?

러시아 해군에 마카로프가 있었다면 육군에는 쿠로파트킨이 있었다.

알렉세이 쿠로파트킨 (1848~1925)

러일전쟁이 일어날 때 국방부장관이었는데 그때는 장관을 하다가도 군대로 컴백 하는 수도 있었나보다.

귀공이 직접 만주전선으로 가서 일본 원숭이들에게 본때를 보여주시오.

짜르 니콜라스 2세

만주의 러시아 병력은 25만이라고 듣고 왔지만 그건 서류상의 숫자일 뿐이었다.

하얼빈에서 여순을 잇는 남만철도는 러시아군의 생명줄이었으니 이걸 지키지 않을 수 없었다. 여기에만 적어도 수만명이 필요했고,

일본군의 공격에 대비해 블라디보스톡에도 최소한의 병력을 배치하지 않을 수 없었다.

쿠로파트킨, 차 떼고 포 떼고 남는게 없었으니 한숨이 나왔겠지.

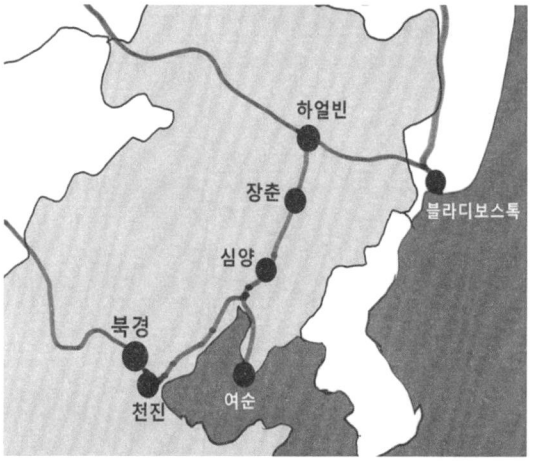

Chapter13. 언덕 위의 구름

145

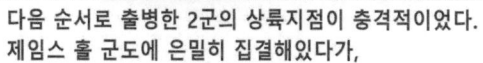

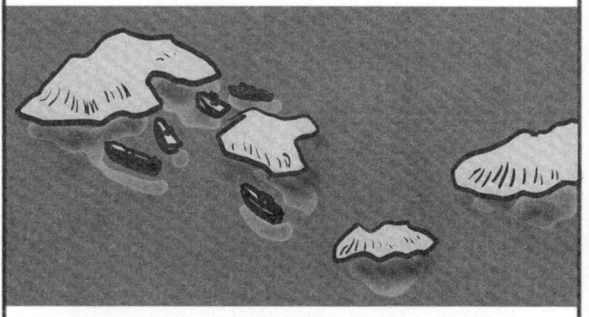

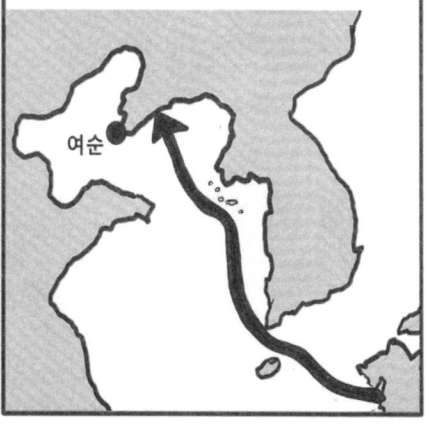

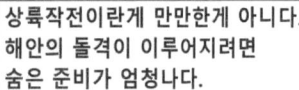
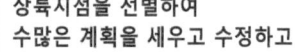
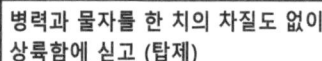
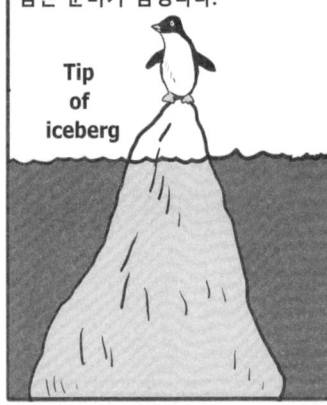

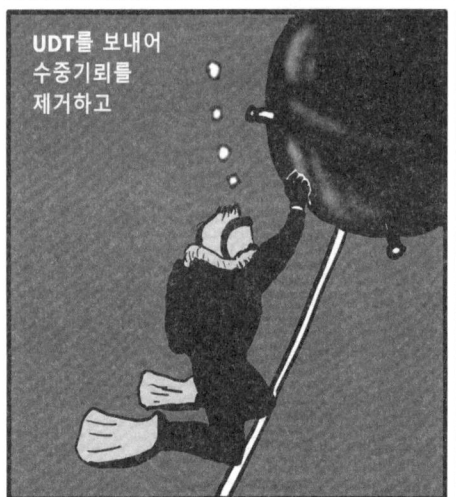

Chapter13. 언덕 위의 구름

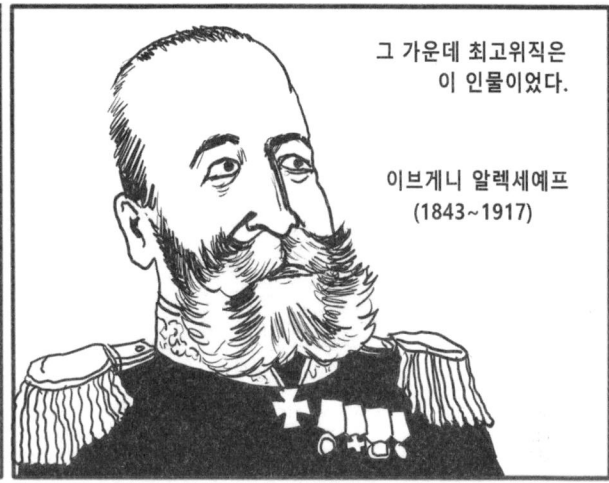

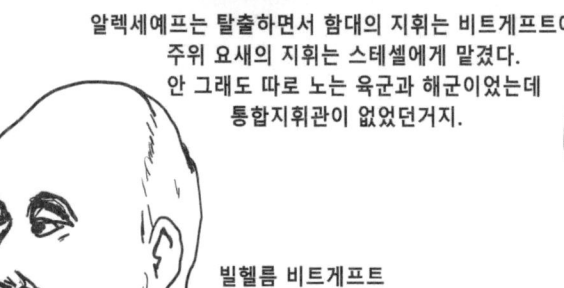

Chapter13. 언덕 위의 구름

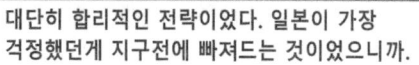

Chapter13. 언덕 위의 구름

노기의 변함없는 인해전술로 웬만한 전투마다 일본군 병사 2천명 정도는 예사로 죽어갔다.
고지마다 일본군 시체가 쌓여서 다음 공격 때는 아군의 시체들을 밟고 올라가야 했다.

오마니...

보고싶어요...

그래도 천황은 노기를 믿어주었다.

노기는 충직한 군인이다. 자르지 마라.

하도 답답해서 만주주둔군 총참모장 고다마 겐타로가 노기의 전선으로 찾아가 훈수를 두었다.

이 친구야, 저 203고지가 더 중요하지.

그건 11인치 포를 운용하면 해결되잖나?

어떤 이는 마지막에 여순을 함락시킨건 노기가 아니라 고다마의 공로라고 할 정도다.

Chapter13. 언덕 위의 구름

153

Chapter13. 언덕 위의 구름

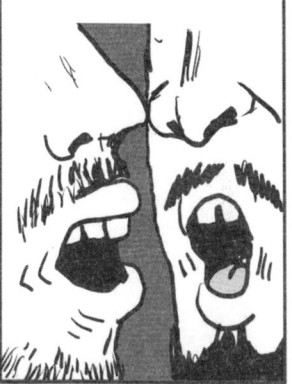

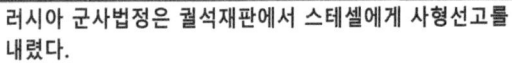

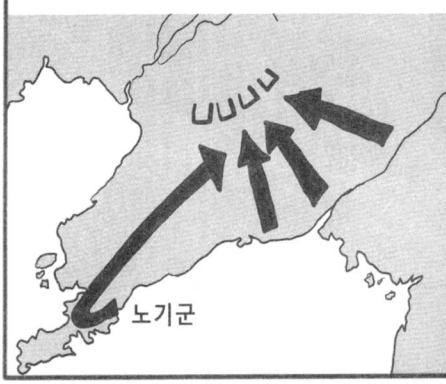

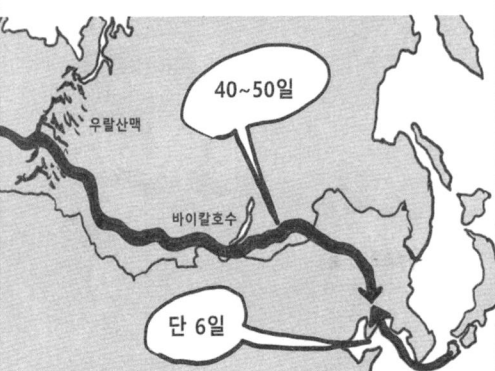

Chapter13. 언덕 위의 구름

스테셀이 여순을 포기하고 항복했다는 소식이 들려온 것이 이때쯤이었다. 곧 일본의 3군이 만주로 들이닥치겠지.

만주로!

만주의 겨울. 상상할 수 없는 추위가 대지를 덮는다. 러시아군은 겨울전투에 익숙하다. 나폴레옹도 겨울에 혼쭐이 나서 도망갔었지.

일본군은 북해도에서 온 병사도 있지만 겨울 추위를 모르는 큐슈 출신도 있다.

고레 난데스까?

하지만 10년동안 준비해서일까? 겨울물자 보급도 넉넉했다. 전국 쥐잡기 운동을 벌여 쥐털로 만든 귀마개까지 보내오는 극성을 떨었단다.

겨울이 만주 벌판을 덮쳐 온 대지가 꽝꽝 얼어붙게 되었을 즈음 러시아군은 늦여름의 전투에서 랴오양을 내주고 가을에 샤호(사하)를 건너 퇴각하여 묵덴(심양)까지 북으로 밀려 올라가 일본군과 대치하고 있었다.

묵덴
사하
랴오양
여순

랴오양 전투는 오히려 일본군의 사상자가 더 많았으니 이때 까지만 해도 작전상 후퇴라 할만 했다.

일본군을 내륙 깊숙이 끌어들인 연후에...

Chapter13. 언덕 위의 구름

159

Chapter13. 언덕 위의 구름

이번엔 크로파트킨을 묵덴에서 후퇴시키는 걸로는 부족하다. 여기서 완전히 끝내지 못하면 일본은 망한다.

그래서 묵덴에 모든걸 다 걸어야 했다.

만주군 총사령관 오야마 이와오 (1842~1916)

크로파트킨도 이제까지와는 달리 큰 소리를 쳤다. 더 이상 끌었다가는 생페테스부르그 정치가들의 먹잇감이 될거란 생각을 했겠지.

이제껏 퇴각한건 다 묵덴전투를 위해서였다!

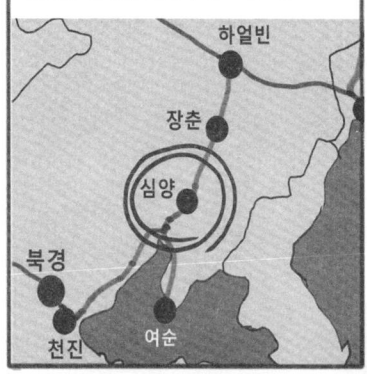

묵덴이 어떤 곳인가? 만주의 중심이며 한때는 봉천(펑티엔)이라고도 불렀고 지금은 심양(션양)이라고 한다.

청의 시조 누르하치의 능이 있는 만주족의 성지이다.

이런 유서깊은 도시가 남의 나라끼리 싸우는 전쟁터가 되었다.

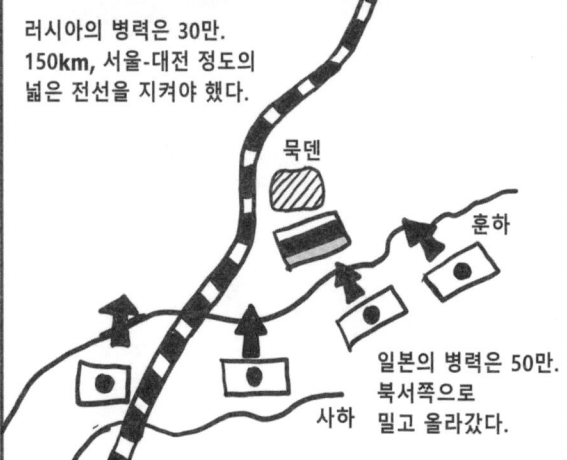

러시아의 병력은 30만. 150km, 서울-대전 정도의 넓은 전선을 지켜야 했다.

일본의 병력은 50만. 북서쪽으로 밀고 올라갔다.

겨울이 끝나가면서 일본군이 움직이기 시작해서 2월중순부터 전투가 치열해졌다. 3월초까지만 해도 러시아군이 성공적으로 일본군의 공격을 물리치고 있는 형세였다.

안되겠군. 노기의 3군은 서쪽으로 우회하라!

일본군의 병력이 러시아군보다 많았기 때문에 가능했던 작전이었다. 정작 병력의 압도적인 우위를 부르짖었던 쿠로파트킨은 전쟁 내내 숫적 열세에서 싸워야 했다.

3월 10일 일본군이 묵덴에 입성하였고 쿠로파트킨의 부대는 북쪽으로 퇴각했다. 일본도 오야마가 원했던 완전한 승리를 거두지는 못했다. 그러나 러시아의 반격할 힘은 소진되어버렸다.

이 묵덴전투가 러일전쟁에서 사실상 마지막 육상전투였다.

Chapter13. 언덕 위의 구름

163

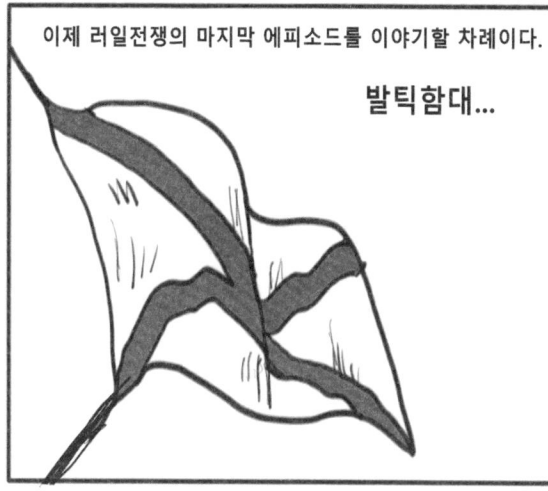

이제 러일전쟁의 마지막 에피소드를 이야기할 차례이다.

발틱함대...

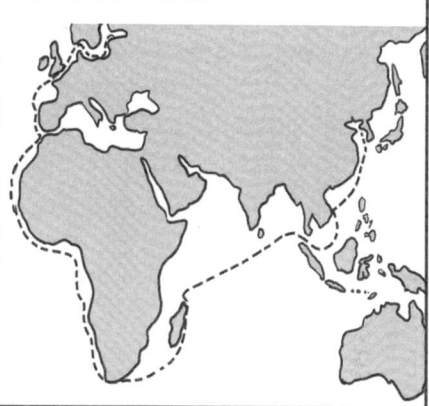

13,000마일을 항해하여 지구 반대편까지 가서 참패한 그 함대.

발틱함대는 러일전쟁이 발발한 직후부터 당장 출항하겠다고 으름장을 놓았다.

극동함대에다 발틱함대까지 합치면 일본 원숭이들이 무서워 하겠지?

내일 출정식을 열겠다.

그러나 내일이 되서는,

배 몇 척만 수리를 끝내고 출정식을 갖겠다.

이런 식으로 수차례 연기하는 사이에 극동함대는 여순항에 갇혀 옴짝달싹을 못하고 있었고,

명장 마카로프가 나섰으나 기뢰폭발로 여순 앞바다에 가라앉았고,

노기의 군대가 여순을 포위하고 고지마다 피를 뿌리고 있었다.

라 벨르 에뽀끄

드디어 발틱함대가 레발항을 나와 항해를 떠난 것은 가을바람이 스산하다 못해 발트해 겨울의 한기가 느껴지는 1904년 10월 15일이 되어서였다.

그런데 발틱함대의 항해는 떠날 때부터 몇가지 문제점을 안고 있었다.
첫째, 발틱함대는 전통 깊은 함대이다.

전통이 깊은게 왜 문제가 돼?

함대의 전함들의 연식이 다 달랐다는게 문제지.
일본은 신흥국가여서 최근 10년동안 영국으로부터 몰아서 구입했기에 연식과 성능이 다들 비슷했지만 발틱함대에는 20년이 넘은 구닥다리 전함도 끼어있었지.

Chapter13. 언덕 위의 구름

165

이런 함대가 긴 항해를 할 때 함대 전체의 속도는 어떻게 되겠어?

정답 ; 가장 느린 배의 속도.

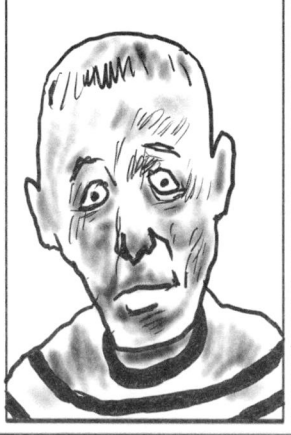

더 큰 문제는 이것이었다.

석탄

배가 거의 잠길만큼 가득 석탄을 실어도 최고속도로 운항을 하면 1주일만에 연료가 바닥 나는게 당시 전함의 연비였다. 정상속도라 해도 열흘마다 항구에 들러서 석탄을 실어야 했다는 이야기.

그런데 양질의 석탄을 제공할 수 있는 항구는 거의 영국이 지배하고 있었고,

기억나시는가? 영국은 러시아를 견제하려고 불과 2년전에 일본과 동맹을 맺었었지.

발틱함대는 석탄을 실어줄 항구를 찾아 헤매느라고 엄청난 고초를 겪어야 했다.

안된다 그래.

게다가 일본은 영국 덕분에 발틱함대의 움직임을 손바닥 보듯이 꿰고 있었다. 대영제국의 정보망은 대단했거든.

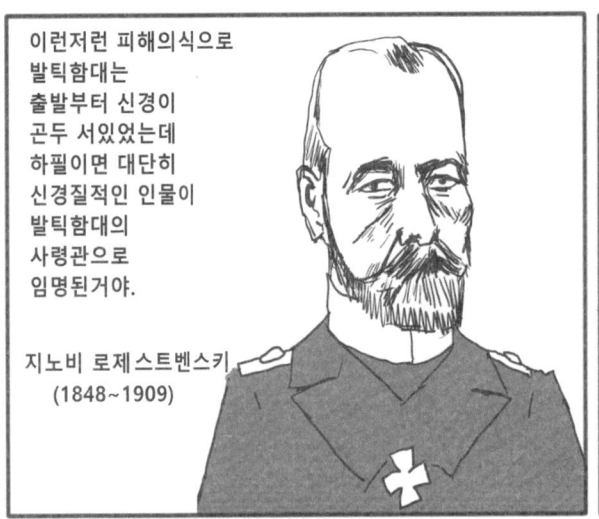

Chapter13. 언덕 위의 구름

167

Chapter13. 언덕 위의 구름

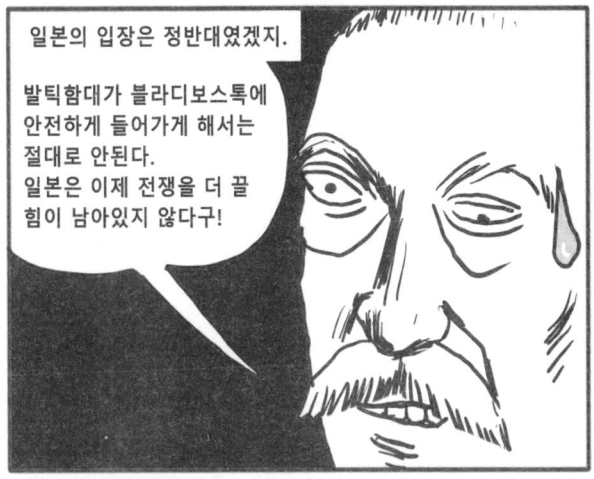

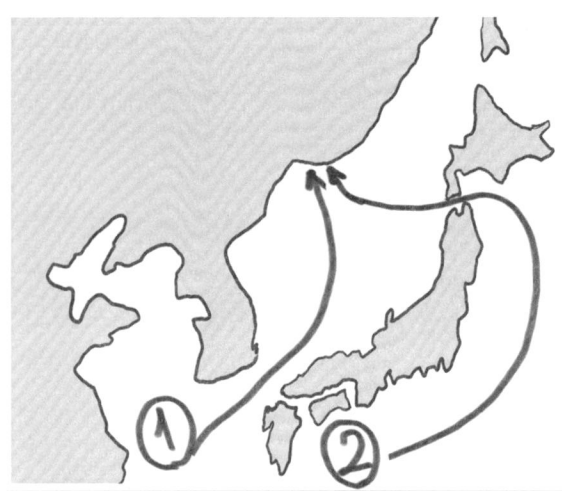

발틱함대의 항로가 왜 그리도 중요했을까?
블라디보스톡으로 간다면 길은 크게 두가지.

(1) 쓰시마해협(대한해협)을 통과하는 길과

(2) 멀리 일본열도를 돌아서 쓰가루해협을 통과하는 길.

그런데 일본함대를 둘로 쪼개어 양쪽 길을 다 지킬 수는 없었다. 발틱함대와 만나서 해전이 벌어졌을 때 반쪽 전력을 가지고는 상대가 되지 않는다.

Chapter13. 언덕 위의 구름

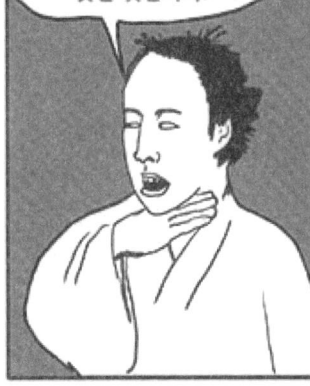

이때 일본 연합함대가 출동하며 합동참모본부에 보낸 전문은 너무나도 유명하다.

"적함이 발견되었다는 경보를 받고 연합함대는 즉각 출동, 이를 격멸하고자 한다.
금일 날씨는 맑으나 파도는 높다."

사실 "금일 날씨는 맑으나 파도는 높다." 이 부분은 출동보고에서 불필요한 문학적 표현이다.
하지만 이 문구 때문에 이 출동보고는 일본인들이 오늘날에도 인용하는,
자랑스러운 메이지 시대의 추억을 소환하는 명문으로 남게 되었다.
이 전투를 애타게 기다려온 일본 해군의 자랑과 결의를 읽을 수 있다.

1905년 5월 27일 새벽
쓰시마 근해
일본 연합함대 기함 '미카사'

Chapter13. 언덕 위의 구름   173

지구를 반바퀴 돌면서 지칠대로 지친 함대, 블라디보스톡으로 달아나는 것만을 목표로 했던 함대, 2류급 인물이 지휘한 불행한 함대와

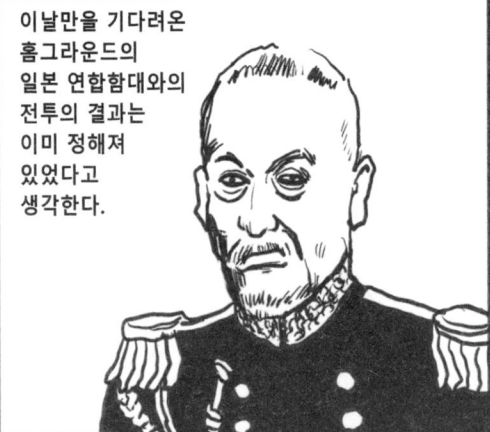

이날만을 기다려온 홈그라운드의 일본 연합함대와의 전투의 결과는 이미 정해져 있었다고 생각한다.

그래서 상세한 전투의 경과를 쫓아가는 건 생략하기로 한다.

24시간 동안 이어진 전투가 끝난 다음날 아침 9시쯤 러시아 발틱함대는 거의 모든 전함을 잃고 백기를 들었다.

일본이 소형 어뢰정 3척만 잃은 반면에 발틱함대는 20여척의 전함이 침몰당했다. 비슷한 전력의 두 함대가 맞붙은 해전 치고는 이례적으로 일방적인 승부였다.

종전협상은 외교적 영향력을 과시하고 싶어하는, 당시 떠오르는 신흥 강국이던 미국 동해안의 작은 도시 포츠머스에서 열렸다.

협상단이 포츠머스로 떠나기 전 니콜라스 2세는 강력한 지침을 내렸다고 한다.

일본 원숭이들에게 영토할양이나 배상금은 절대, 절대 안되오!

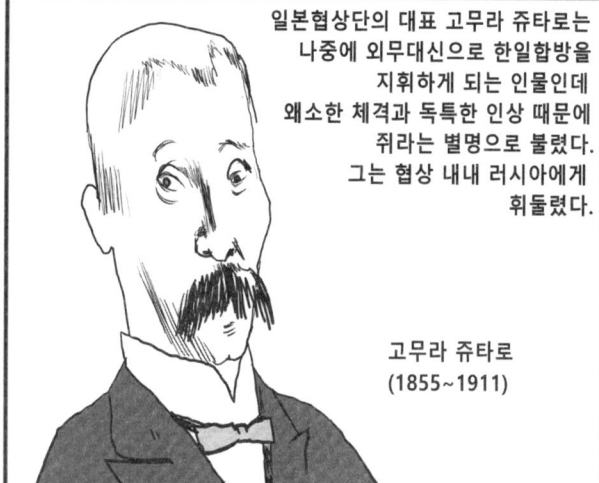

Chapter13. 언덕 위의 구름

Chapter 14
아듀, 몽마르트르 피카소의 몽마르트르시대

그래요, 모두들 거트루드의 초상이 그녀를 안 닮았다고 하죠.
그래도 상관없어요. 그녀가 그 초상화를 닮아가게 될거니까요.
- 파블로 피카소, 거트루드 스타인의 초상화에 대해

Chapter14. 아듀, 몽마르트르

세계박람회의 스페인관을 찾아가 자신의 그림이 걸린 것을 보았지만 실망했을 것이다.

뭐야, 잘 보이지도 않는 구석에 걸려 있잖아. 새옷까지 맞춰입고 왔는데.

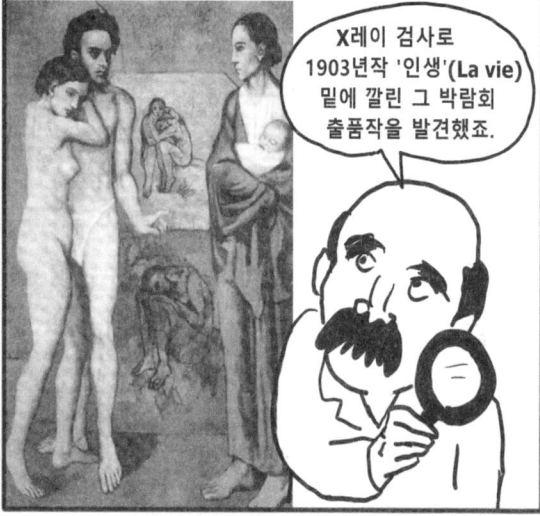

그래서인지 몇 년후 이 그림 위에 다른 그림을 덧칠하여 '마지막 순간'이라는 10대시절의 작품은 사라지고 말았다.

X레이 검사로 1903년작 '인생'(La vie) 밑에 깔린 그 박람회 출품작을 발견했죠.

젊은 피카소가 빠리에서 숙소를 구한 곳은 몽마르트르 언덕이었다. 몽마르트르라, 많이 들어 봤지? 빠리의 예술가들이 모여 산다는 곳. 피카소가 빠리에 처음 도착한 시절엔 실제로 몽마르트르의 이곳저곳에서 이젤을 세워놓고 심각하게 그림을 그리는 가난뱅이 무명 화가들의 모습을 쉽게 발견할 수 있었다.

그리고 포도밭과 풍차방앗간이 곳곳에 남아있는 빠리같지 않은 빠리의 변두리였다.

빠리시내를 멋지게 개발하려고 시내의 가난뱅이들은 죄다 변두리로 쫓아냈죠.

제2제정 빠리시장 오쓰만남작

그래서 이곳이 1871년 빠리꼬뮌의 중심이 되었던 사연은 1권에서 이야기 했고...

이 풍차방앗간(물랭) 가운데 일부는 술집으로 개조되어 '물랭 드 라 갈레뜨' 같은 경우에는 전설적인 화가들의 소재가 되어 세계 근대회화사에 발자취를 남기는 뜻하지 않은 영광을 누리기도 했지.

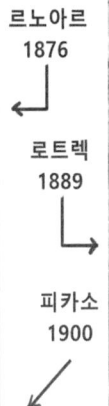

르노아르
1876

로트렉
1889

피카소
1900

헌데 이런 몽마르트르가 가난한 예술가들에겐 딱인거야.

집세 싸지, 몽마르트르 광고 로트렉 특별출연

빠리이면서도 술에 세금도 없지.

이곳 아니면 어디서 이런 보헤미안의 자유를 맛보겠는가?

모두 이리 오쇼~

Chapter14. 아듀, 몽마르트르

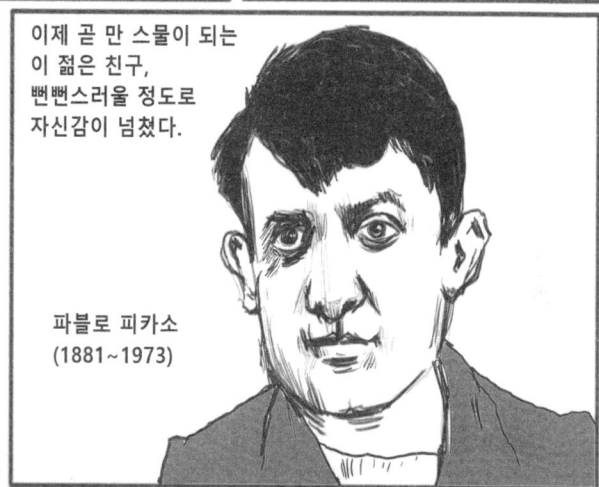

파블로 피카소
(1881~1973)

자기 아들의 그림을 보고는 미술선생님이던 아버지가 붓을 꺾었다고도 하고

아무튼 피카소가 열다섯에 그린 이런 그림들을 보면 그 나이에 이미 고전적인 기법은 마스터 하고 있었다는 걸 알 수 있지.

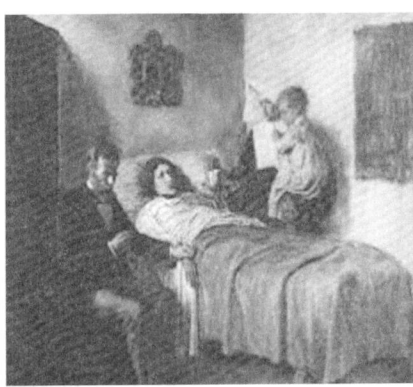

피카소는 평생 5만점 정도의 작품을 남긴 엄청난 다작가였다. 넘치는 재능과 에너지로 한가지 화풍에 머물러 있질 않았다.
더구나 아흔이 넘도록 장수하면서 다양한 유파를 거치게 되지.

2권에 등장했던 몽마르트르의 토박이 모리스 위트리요 같은 이도 대단한 재능을 타고 났지만

평생 몽마르트르 풍경을 같은 방식으로 그렸기에 미술사적으로 피카소 같은 족적을 남길순 없었다.

앙리 루쏘라는 화가를 아실테지. 이런 그림들을 그렸던.

Chapter14. 아듀, 몽마르트르

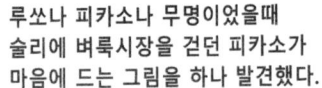

 Chapter14. 아듀, 몽마르트르

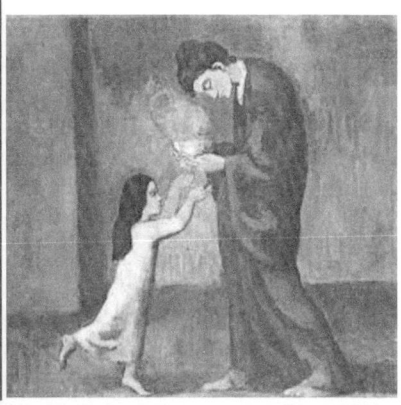

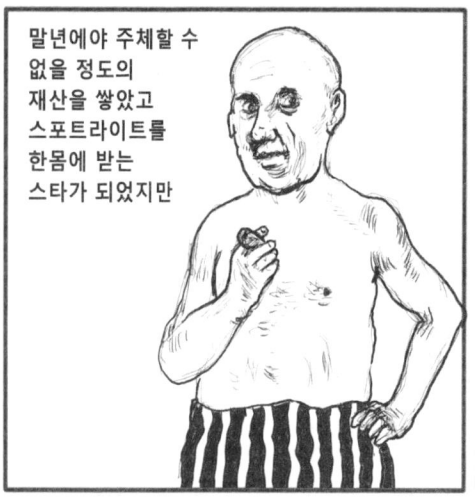

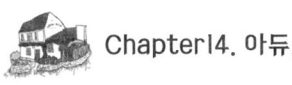
Chapter14. 아듀, 몽마르트르

이때 갑자기 주머니에서 피스톨을 꺼내들어,

아디오스~

타앙ㄹ

막장 드라마지? 돌아이들의 막장 드라마가 흘러 넘치던 벨르에뽀끄 시대의 몽마르트르였다. 2권의 쉬잔 발라동처럼 말이지.

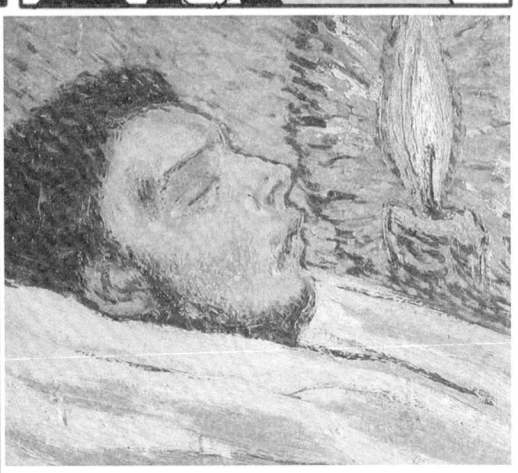

'카사게마스의 죽음' 1901년 파블로 피카소

몽마르트르 근처에 생라자르 여성감호소가 있었다.
당시에는 화가들이 들어와 스케치하는게 허용되었었나보다.
피카소는 줄창 이 감옥에 드나들며 기구한 팔자의 하층민 여자들을 스케치하였다.

그리고는 스튜디오에 돌아와 우울한 푸른 빛의 그림들을 완성했다.

전설적인 미국의 재즈 뮤지션
마일스 데이비스를 아시는지? (1926~1991)

반 세기가 흐른 후에 마일스 데이비스는 피카소의 순수하고 우울하던 그 시기에 대한 오마쥬로 '청색시대'라는 앨범을 내놓았다.

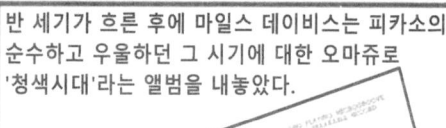

슬픔과 고통으로 채색된 젊은날 피카소의 청색시대가 마감하는데는 한 여인의 등장이 필요했다.

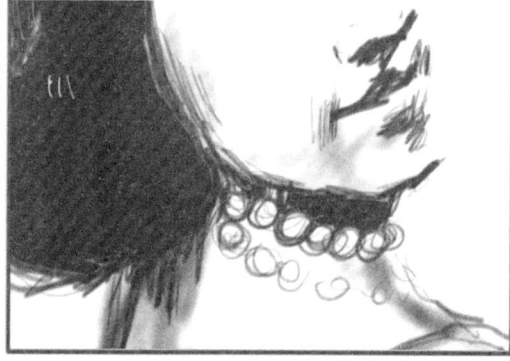

 Chapter14. 아듀, 몽마르트르

 Chapter14. 아듀, 몽마르트르

  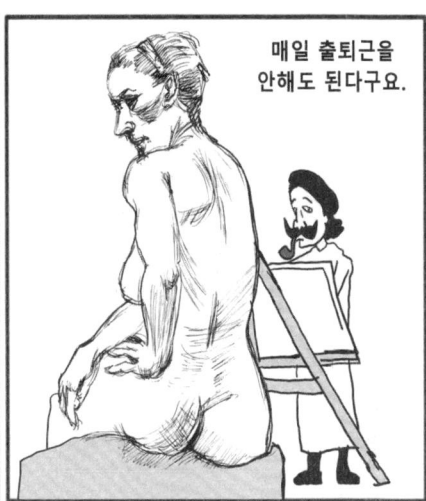

그래서 뒤비엔느라는 무명화가를 따라 간 산동네가 몽마르트르.
몽마르트르에서도 세탁선(바또 라봐르)이라고 불리는 지저분한 건물이었다.
옛날에는 피아노공장으로 썼다는 이 건물은 그 길쭉한 모양이
세느강 곳곳에 있던 선상 빨래터와 비슷하게 생겼대서 바또 라봐르라고 불리웠다.
냉난방은 물론 상수도 시설도 없는 수십가구의 가난뱅이들 소굴이었지만
이곳에서 바야흐로 20세기 현대미술의 시대가 열리게 되는데...

우울한 푸른색 그림만 그려대는 스페인 청년 피카소도 이 건물에 살고 있었는데,

바또 라봐르의 이웃으로 오며가며 시원찮은 놈팽이와 동거하기엔 아까운 당차고 예쁜 아가씨에게 자꾸만 눈길이 갔겠지.

페르낭드, 이 아가씨도 작지만 다부진 체격에 눈빛이 서글서글한 이웃집 청년에게 관심이 갔단다.

그러던 어느날이었죠. 1904년 8월의 끝무렵 어느 오후의 소나기가 저희를 맺어주었답니다.

페르낭드 올리비에 회고록
'피카소와 그 친구들'

갑작스런 소나기를 피해 달려들어가던 페르낭드 앞에 피카소가 서있었다.

바또 라봐르의 출입문에 기대어 아기 고양이를 안고서.

틀림없이 그곳에서 오랫동안 페르낭드를 기다리고 있었을 것이다.

Chapter14. 아듀, 몽마르트르

피카소는 일생 동안 수없이 많은 여인들을 사랑했다. 나이와 국적을 불문했지. 유명한 여인들만 추려보자.

올가 코클로바. 디아길레프의 그 유명한 발레 뤼스의 발레리나였던 그녀는 피카소가 정식 결혼한 첫부인이다. 이혼 후의 재산싸움도 제일 지저분했지.

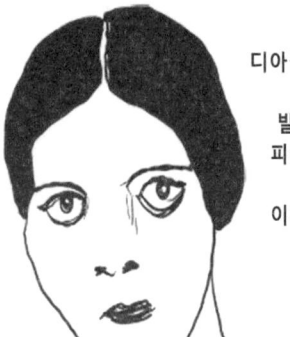

마리떼레즈 월터. 열일곱살에 중년의 유부남 피카소와 사랑에 빠진 스페인 여인.

도라 마르. 초현실주의 사진작가이자 화가인 프랑스 여인.

그리고 21세 대학생 때 61세의 피카소를 만난 프랑수아즈 질로. 알려진 여인 중에서는 유일하게 피카소를 걷어차고 떠난 여인이다.

정식결혼으로는 두번째 부인이며 피카소가 죽을 때까지 결혼상태를 유지한 자끌린 로께.

이외에 친구 카사게마스가 짝사랑했던 제르메느, 에바 구엘, 가브리엘르 빠께레뜨, 이렌느 라귀, 사라 머피.... 숨차다.

피카소는 나쁜 남자였다. 대놓고 양다리를 걸쳤고 헤어진 애인들에게 재산을 나눠주는데 인색했다. 그와 관계를 가졌던 많은 여인들이 정신질환에 걸리거나 자살로 생을 마감했다.

하지만 그 많은 여인들 중에서도 첫사랑은 소중한 것. 페르낭드와 사랑에 빠진 후 피카소의 그림은 우울한 청색에서 핑크 빛으로 옷을 갈아입었다. 이 시기를 장미시대라고 부른다.

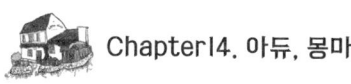 Chapter14. 아듀, 몽마르트르

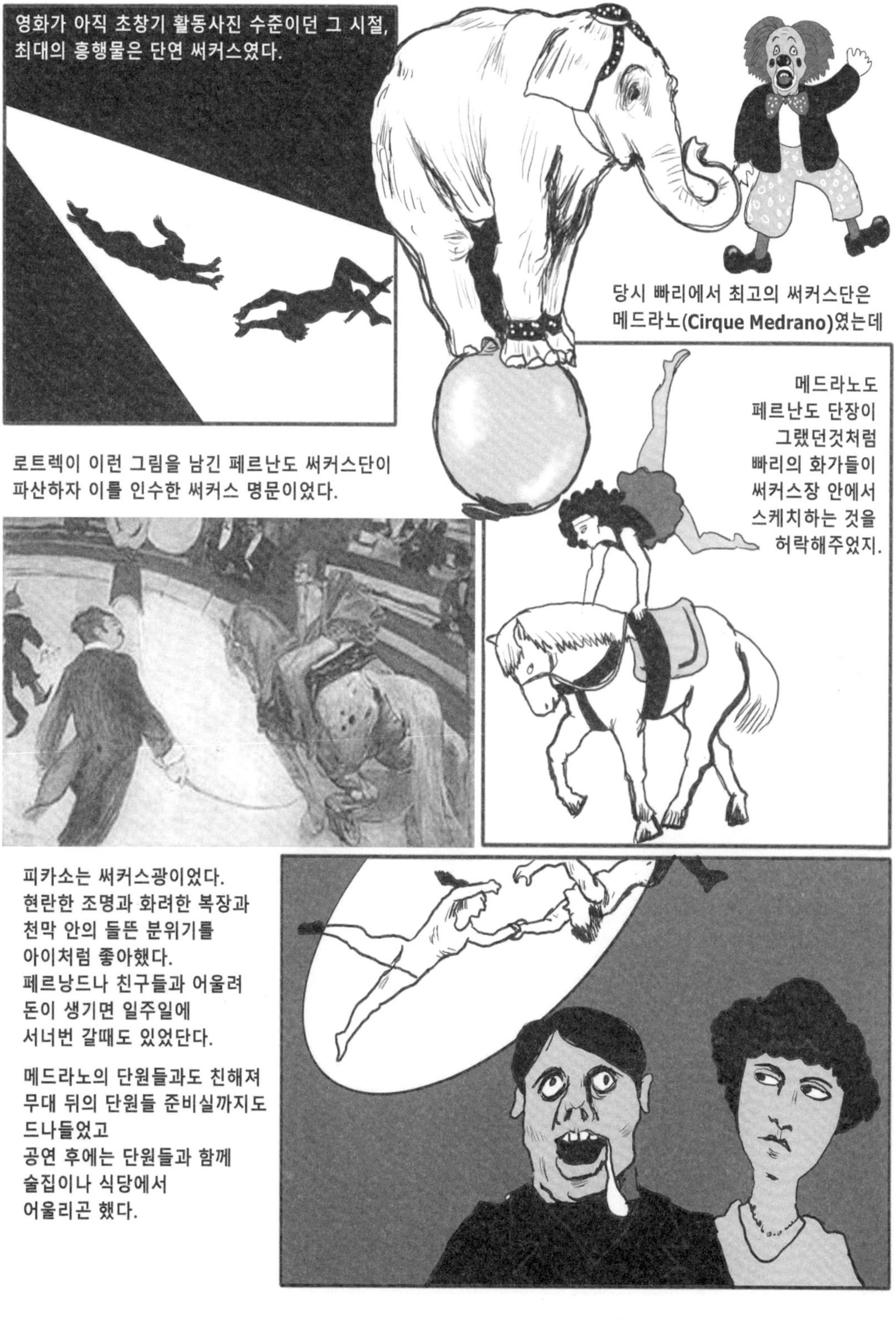

영화가 아직 초창기 활동사진 수준이던 그 시절, 최대의 흥행물은 단연 써커스였다.

당시 빠리에서 최고의 써커스단은 메드라노(Cirque Medrano)였는데

로트렉이 이런 그림을 남긴 페르난도 써커스단이 파산하자 이를 인수한 써커스 명문이었다.

메드라노도 페르난도 단장이 그랬던것처럼 빠리의 화가들이 써커스장 안에서 스케치하는 것을 허락해주었지.

피카소는 써커스광이었다. 현란한 조명과 화려한 복장과 천막 안의 들뜬 분위기를 아이처럼 좋아했다.
페르낭이나 친구들과 어울려 돈이 생기면 일주일에 서너번 갈때도 있었단다.

메드라노의 단원들과도 친해져 무대 뒤의 단원들 준비실까지도 드나들었고
공연 후에는 단원들과 함께 술집이나 식당에서 어울리곤 했다.

그림의 소재도 청색시대의 생라자르 감옥의 비참한 여인들에서 장미시대에는 메드라노 써커스단의 주인공들로 바뀌었다.

말을 끄는 소년
(1905)

배우
(1905)

페르낭드와 몽마르트르 비탈의 바또 라봐르에서 지낸 이 시절이 비록 가난했지만 피카소에게는 진정한 벨르에뽀끄였을지도 모른다. 보들레르와 말라르메의 시를 읊고,

기욤, 악의 꽃 한번 읊어보게.

기욤 아뽈리네르

아편을 피우고
(이 당시 몽마르트르에서는 아편이 흔했다는데...)

선술집에서 밤새도록 저마다의 개똥철학을 열렬히 토론했다.

잘 들어두게.
내 그림이 후세에는
수백억에 팔릴거야.

Chapter14. 아듀, 몽마르트르

로트렉이 드나들던 몽마르트르의 핫플레이스 '샤 누아르'(검은고양이)는 1897년에 문을 닫았고 피카소의 장미시대, 이 시절의 예술가들의 아지트는 '라뺑 아질'이었다.

라뺑 아질

몽마르트르의 집들은 다 이렇게 언덕 비탈에 서있다니까.

이 술집의 옛날 주인이 앙드레 질이라는 삽화가였는데 질의 토끼라는 뜻으로 '라팽 아 질'(Lapin a Gill)이라고 간판을 걸었었지. 하지만 사람들이 같은 발음인 '재빠른 토끼'(Lapin agile)로 부르자 이런 간판을 내걸고 몽마르트르의 명소가 되었다.

피카소는 허구한 날 이곳에서 친구들과 어울렸는데 이런 그림에 그 당시의 분위기가 남아있다.

벙거지에 기타 치는 술집주인 프레데

삐에로로 분장한 피카소 자신

라뺑 아질에서, 1905, 피카소

Chapter14. 아듀, 몽마르트르

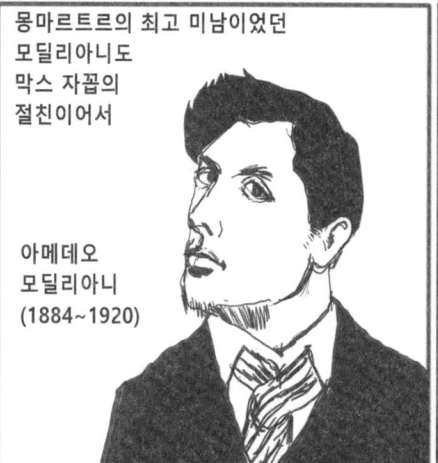
몽마르트르의 최고 미남이었던 모딜리아니도 막스 자꼽의 절친이어서

아메데오 모딜리아니
(1884~1920)

그가 죽기 전에 이런 초상화들을 남겨놓았다.

막스 자꼽은 2차세계대전 중에 독일군에게 잡혀 아우슈비츠의 가스실로 넘겨지기 직전에 유태인 수용소에서 병사했거든.

막스 자꼽이 피카소에게 또 한명의 마당발을 소개시켜 주었으니 바로 기욤 아뽈리네르다.

피카소와 함께 소위 입체파를 창시했다는 브라끄 있지?

아뽈리네르에게 마리 로랑생을 소개시켜준 사람이 바로 브라끄였으니 피카소 패거리가 없었다면 미라보 다리 같은 시도 탄생하지 못할 뻔 했다.

당시 기준으로는 전위예술가들이었던 이런 인맥이 몽마르트르를 중심으로 피카소 주위에 만들어져 라뺑 아질로 메드라노 써커스로 몰려 다닌거지.

Chapter14. 아듀, 몽마르트르

볼라르같은 화상의 등장은 몽마르트르의 젊은 화가들에게 중요한 사건이다.
결국 예술이란 것도 수요가 있어야 먹고살 수 있는거고 먹고 살아야 존재할 수 있는거란말이지.

피카소가 그린 볼라르의 초상 (1937)

볼라르를 통하여 이미 시장에서 자리를 잡은 인상주의 그림들을 수집하던 외국인 큰손들이 몽마르트르 전위화가들에 주목하기 시작했다. 세르게이 시츄킨이 혁명전 러시아 시장의 창구 역할을 했다면,

세르게이 시츄킨 (1854~1936)

이즈음에 신흥부국 미국시장을 열어준 수집가가 등장했으니 바로 프랑스 현대미술사에서 중요한 역할을 한 스타인가의 삼남매였다

레오 스타인 >
거트루드 스타인 >>
마이클 스타인 >>>

이들은 펜실베니아의 유태인 중산층 가정에서 태어나 부모를 따라 여러나라를 돌아다니며 코스모폴리탄적인 분위기에서 자라났다.

부유하다고 할 수 있을진 몰라도 백만장자와는 거리가 멀었죠.

그러다 20세기 초에 빠리에 정착했는데 스타인 남매 정도의 재력만으로도 1900년대 초 빠리의 젊은 전위화가들에겐 큰손이 될 수 있었던거야.

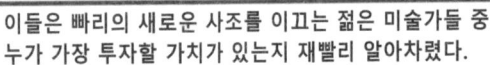

마티스가 그린 사라 스타인의 초상 (1916)

Chapter14. 아듀, 몽마르트르

화가들이 혁명적인 작품을 내놓아도 세상이 인정하지 않으면 소용이 없다. 그리고 불행하게도 화가의 천재성과 세상의 인정에는 대체로 시차가 존재한다. 이런 시차 때문에 가장 큰 고통을 받은 화가 중의 한 사람이 빈센트 반 고흐이리라.

그점에서 마티스는 고흐보다는 운이 좋았다. 모든 미술비평가들이 조롱했지만 스타인 남매가 용감하게 투자한 마티스의 작품이 있다.

그걸 그 미국인들이 구매했다고라?

칼라로 된 자료를 찾아보면 알겠지만 (이 대목의 이야기를 이해하기 위해서는 도록이나 인터넷에서 칼라로 된 그림을 반드시 먼저 감상해야 한다.)
앙리 마티스는 얼굴에 초록색 붓칠을 하는 등의 방식으로 현실과 상관 없이 색채들을 자기 맘껏 구성하였다. 그리고 일부러 거친 터치로 마치 미숙한 아이의 미완성된 그림과 같은 작품을 1905년 쌀롱 도똔느에 출품했다.

당연히 기성 미술계로부터 거친 공격을 받았겠지. 스타인 남매는 온갖 조롱의 대상이 되어버린 이 작품을 용감히 사들임으로써 프랑스 현대미술사에 한 획을 그었다고 할 수 있다.

앙리 마티스
'모자를 쓴 여인'
1905

 Chapter14. 아듀, 몽마르트르

27번지 거트루드의 응접실에는 스타인 남매가 수집한 세잔, 고갱에서부터 마티스와 피카소를 비롯한 당대의 젊은 화가들의 그림들이 빼곡히 걸려있었으니 주제는 자연스럽게 현대미술을 중심으로 흘러갔겠지.

피카소 패거리들은 이 쌀롱의 단골이었고 피카소가 마티스를 정식으로 소개받은 곳이 이곳 거트루드의 살롱에서였다.

작가에 커밍아웃한 레즈비안에 현대회화 콜렉터인 그녀는 이렇게 빠리 문화계의 마당발로 컸는데,

포용력도 있었는지 페르낭드가 피카소와 싸우면 하소연하려 오는 곳도 거트루드의 27번지였다지.

세월이 흘러 1차대전 후에는 특파원으로 나온 젊은 시절의 헤밍웨이나

어네스트 헤밍웨이
(1899~1961)

그와 친구가 된 '위대한 갯츠비'의 작가 스콧 피츠제럴드까지 이 살롱의 단골로 드나들게 된다.

스콧 피츠제랄드
(1896~1940)

1905년에 피카소는 거트루드 스타인에게 초상화를 그리자고 제안했다. 헌데 빠르게, 많이 그리던 그의 스타일과 달리 이번에는 해를 넘기며 유난스럽게 오래끌었다지.

초상화 때문에 바또라봐르의 스튜디오에 수백번은 갔을걸요.

이때가 피카소의 장미시대라는건 이야기 했었지? 이런 풍의 그림이 이 시대의 대표적 걸작이다.

> 파이프를 든 소년 1905 파블로 피카소

< 거트루드 스타인의 초상 1906 파블로 피카소

헌데 이번에는 전혀 다른 느낌의 그림이 나왔다.

더 가까이 보면 이렇다.

거트루드 스타인이 닮지 않았다고 항의하자 피카소는 이런 의미심장한 대답을 했다고 한다.

지금은 닮지 않았다 해도 언젠가는 이렇게 닮아 갈겁니다.

Chapter14. 아듀, 몽마르트르

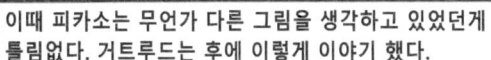

일생에 몇번인가는 인간이 만든 조형물이나 음악에 전율을 느낄 정도로 감동을 받는 순간이 있다. 베토벤의 황제 협주곡의 첫소절 피아노 독주를 처음 들었던 소녯적의 가슴 터질 듯한 기억을 말하는 사람도 있고,

소싯적 석굴암이 아직 개방되어 있을 때 본존불을 마주친 충격을 잊지 못하는 사람들도 있다.

피카소도 비슷한 경험을 이야기 하고 있다. 1907년 봄 또르까데르에서 열린 아프리카 토속예술 전시회의 기억이다.

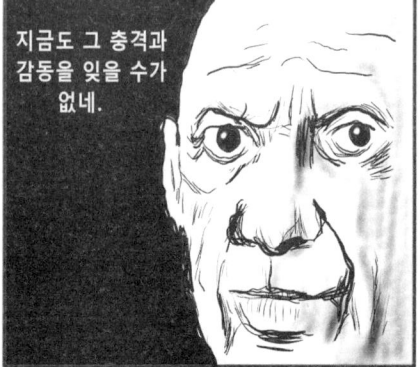
지금도 그 충격과 감동을 잊을 수가 없네.

둥~

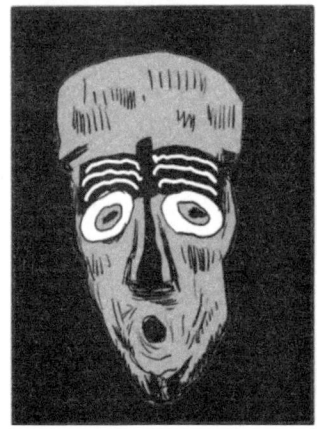

두둥~

Chapter14. 아듀, 몽마르트르

그게
바로
이 작품이다.....

쿠궁ㄹ

아비뇽의 여인들
Les Demoiselles d'Avignon
파블로 피카소
1907

 Chapter14. 아듀, 몽마르트르

211

여기서 말하는 아비뇽이란 14세기에 벌어진 '아비뇽 유수'로 유명한 그 아비뇽이 아니고 스페인의 바르셀로나에 있는 홍등가의 이름.

즉, 매음굴의 다섯명의 매춘부를 그린거다.

놀다 가세요~

피카소는 원래 '아비뇽의 창녀촌'이라는 노골적인 제목을 붙였으나 오랜 후 대중들에게 공개할 때 전시기획자가 점잖은 제목으로 바꾼 것이다.

누구 맘대로 제목을 바꾼거야?

현대미술의 출발점이 된 작품을 하나만 찍어주세요. 딱 하나만요.

역사라는게 어느 한 순간에 갑자기 바뀌는게 아니다. 하지만 이렇게 질문한다면,

에이, 어떻게 단 한 작품만 딱 집어서 말해요?

그래도 딱 하나만 찍어주세요.

계속 우긴다면 이렇게 대답할 수 밖에 없다.

정 그렇다면 피카소의 '아비뇽의 여인' 이라고 할 수 있지요.

Chapter14. 아듀, 몽마르트르

어떻게 근대와 작별했다는거지?
다시 아비뇽의 여인으로 돌아가보자.
피카소는 이 그림에서
작정을 하고
서양회화의 전통에
도전하였다.

서양회화는 실물을 어떻게 감동적으로
베껴그릴 것인가(모사)라는 과제를 중심으로
발전했다.

그래서 원근법이라는게 발전했고

빛에 따른 명암의 모사가 발전했고

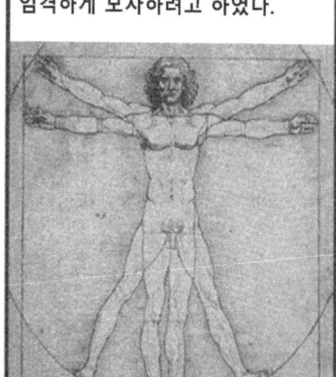

인체를 해부해가면서 까지 사실을
엄격하게 모사하려고 하였다.

결국 19세기까지 서양회화의 지향점은
이 문제로 귀결된다.

2차원의 평면 위에
3차원의 현실세계를
어떻게 그럴듯하게
구현할 것인가?

그런데 이 그림은
원근법도,
명암도,
해부학도
작정하고
무시해버렸다.

피카소가 이런 전통적 기법들을 몰라서 그런 것도 아니다. 앞에서 보았듯 그는 십대에 이미 기교를 완벽히 마스터한 신동이었다.

일부러 도발한 것이다.

뭘 잘했다고 매춘부 주제에 뻔뻔스럽게 째려보는거야?

아비뇽의 여인이 대중에게 공개된건 무려 10년 후인 1916년이었는데 아직 1차세계대전 중일 때였다.
당시 어떤 비평가는 이렇게 적개심을 드러내었다.

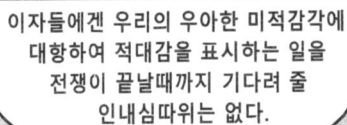
이자들에겐 우리의 우아한 미적감각에 대항하여 적대감을 표시하는 일을 전쟁이 끝날때까지 기다려 줄 인내심따위는 없다.

어쩌면 정확한 이야기다. 부르조아들의 따분한 미적 감각에 도전하는 것이야말로 피카소가 의도한 것이었으니까.

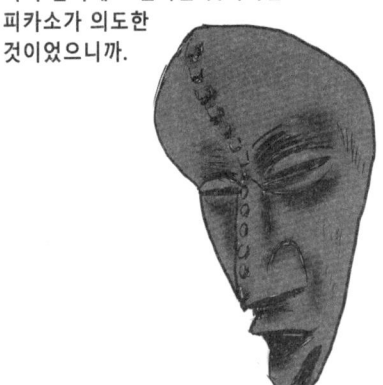

피카소는 현실세계를 모사한다는 형태(Form)에 대한 암묵적 합의를 파괴하기 시작했다.
그게 바로 큐비즘 운동이고 아비뇽의 여인은 큐비즘의 서막이었다.

인상주의 화가들이 회화를 문학적 서사에 종속시킨 아카데미의 전통을 부수었다면

Chapter14. 아듀, 몽마르트르

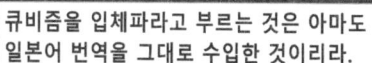

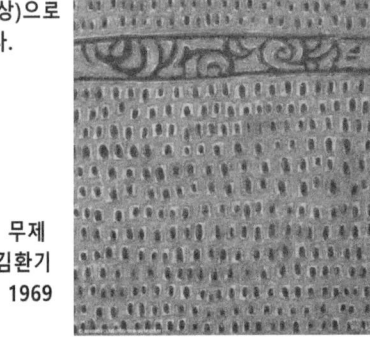

 Chapter14. 아듀, 몽마르트르

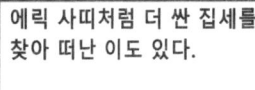

 Chapter14. 아듀, 몽마르트르

그리하여 빠리 예술의 중심지는 몽마르트르에서 세느강건너 몽빠르나스로 옮겨갔다.

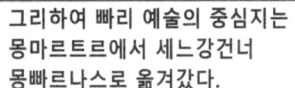

1911년 피카소와 페르낭드는 결별했다. 가난한 시절의 기억은 청산하고 싶었던 것일까?

이때 페르낭드는 한 푼도 위자료를 받지 못했다. 법적으로 아직도 떠나온 고향의 어느 이름없는 주정뱅이의 부인이었거든.

또 스튜디오만 남겨두었던 바또라봐르에서 완전히 철수했다.
청색시대와 장미시대와 큐비즘을 생산했던 몽마르트르의
바또라봐르 시대는 이렇게 떠나갔고

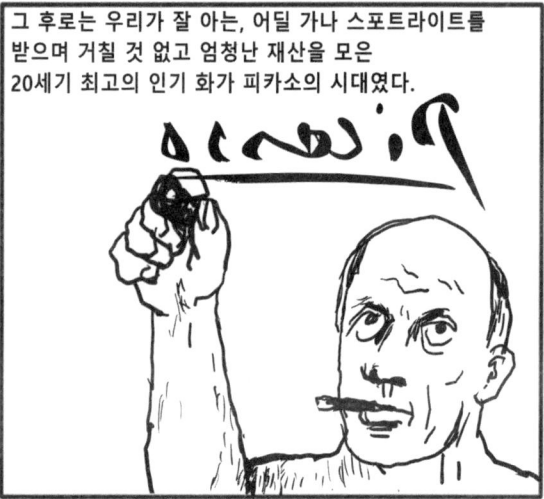
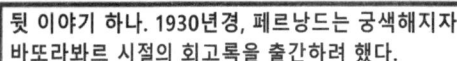

Chapter 15

그해 8월 <small>1차세계대전의 발발</small>

귀관들은 낙엽이 지기 전에 집에 돌아올 것이다.
- 카이저 빌헬름 2세, 전선으로 떠나는 장병들에게

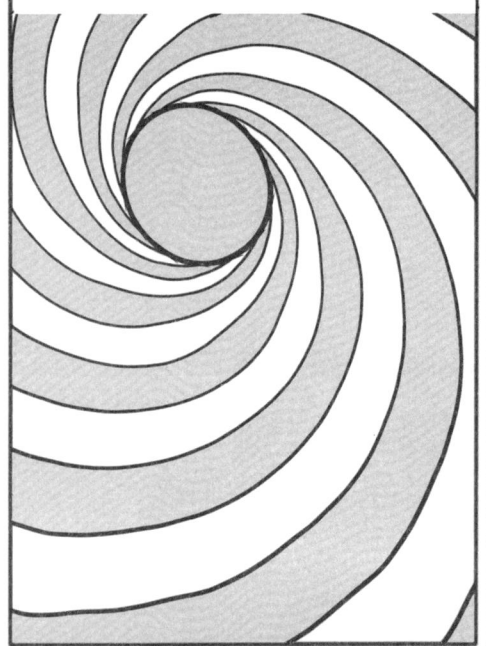

사람들은 이렇게 이야기한다.
1914년 6월 28일 사라예보의 작렬하는 태양 아래서 울려퍼진 두 발의 총성이 이 모든 일들의 시작이 되었다고,

슬라브계의 열아홉살 젊은 민족주의자가 오스트리아-헝가리제국의 프란츠 페르디난드 대공과 그의 아내 소피를 암살한 사건이

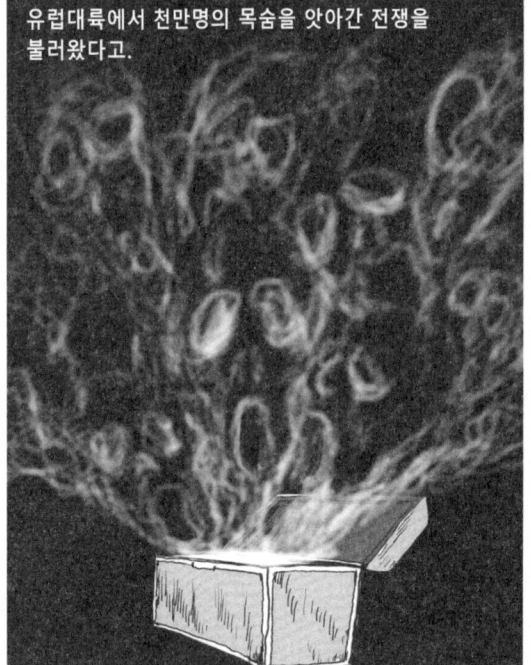

유럽대륙에서 천만명의 목숨을 앗아간 전쟁을 불러왔다고.

기억하시는대로 프란츠 페르디난드는 오스트리아 황제 프란츠 요셉의 외아들 루돌프가 애인과 동반자살하는 바람에 뜻하지 않게 오스트리아-헝가리제국 황제의 후계자가 되어버린 인물.

그의 죽음을 천만명의 목숨으로 위로할 필요가 있었을까?

Chapter15. 그해 8월

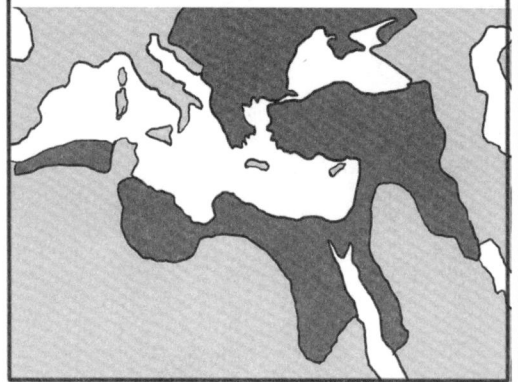

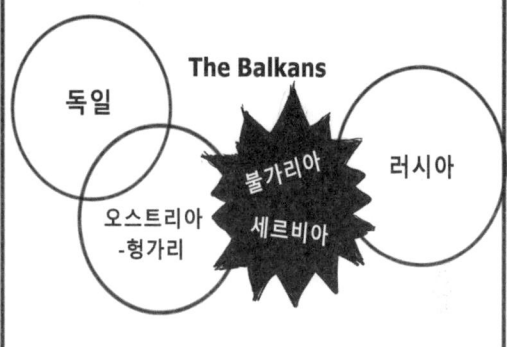

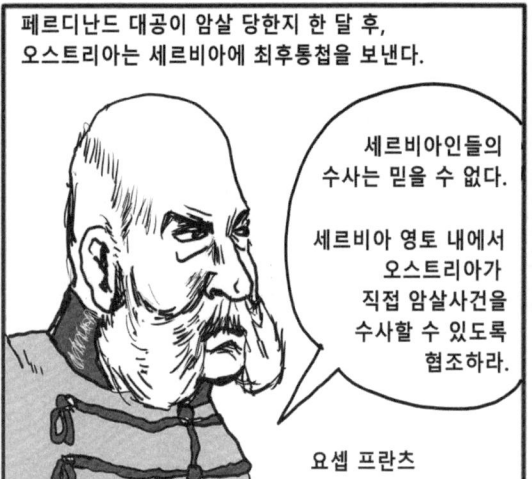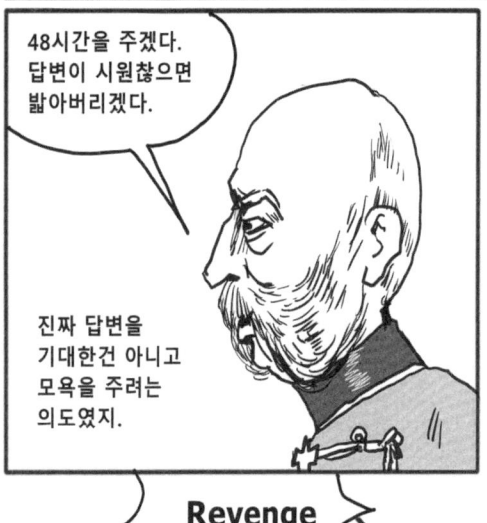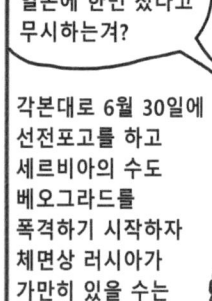

Chapter 15. 그해 8월

독일이 중립국 벨기에를 침공하자 영국이 나섰고

급기야는 이탈리아, 루마니아, 포르투갈에 미국이 나섰고 저멀리 일본까지 숟가락을 놓았으니

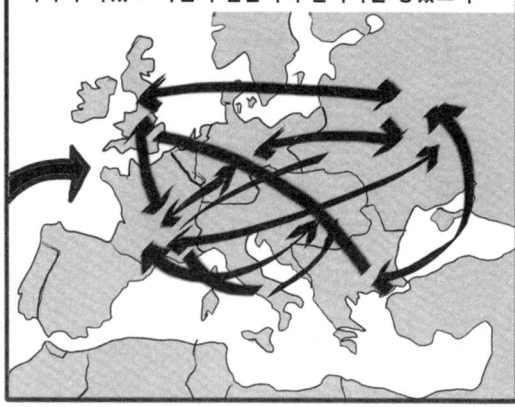

이렇게 말할 수도 있겠지.

사라예보의 암살사건이 제1차 세계대전을 불러왔다.

제1차 세계대전이란 이름은 1945년에 제2차 세계대전이 일어나고 나서야 붙여진거겠지. 당시에는 그저 유럽전쟁, 혹은 대전쟁(the Great War)라고 불리웠다.

하지만 1914년의 그 전쟁은 오랜 시간을 걸쳐 겹겹이 쌓여온 갈등의 폭발이었다.

사라예보의 총성은 그저 어디서나 날아들 수 있었던 하나의 불씨였지.

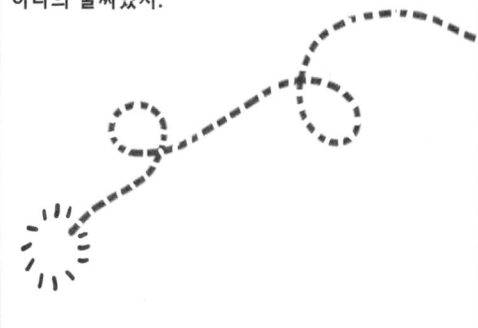

2차 산업혁명과 자본주의는 유럽제국들에게 이제껏 경험해보지 못한 풍요와 주체할 수 없을 정도로 넘치는 힘을 가져다 주었다.

그 넘치는 힘을 받아주던 식민지 개발도 포화상태가 되었기에 유럽은 몸이 근질 거려 못견뎌하는 사내들로 넘쳐났다.

뭘 봐?

Chapter15. 그해 8월

프랑스는 러시아와의 외교에도 엄청난 공을 들여 마침내 1892년에 알렉산더 3세와 러불동맹을 맺는데 성공했다.

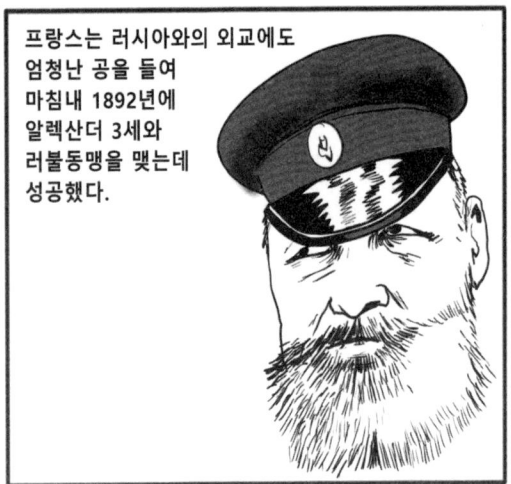

그로부터 2년 후 알렉산더 3세가 세상을 떠나자 그를 추모하여 센느강에 새로 짓는 다리에 그의 이름을 붙이고 아들 니콜라스 2세를 초청하여 주춧돌을 놓게 했다.

샹젤리제

앵발리드

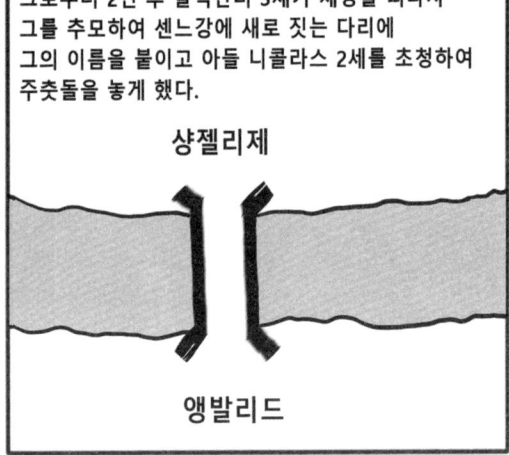

지금도 세느강을 가로 지르는 수십개의 다리 가운데 가장 화려한 장식을 하고 있는 이 다리를 뽕 알렉상드르 트화 (Pont Alexandre III)로 부르고 있다. 그만큼 러불동맹은 프랑스에게 중요한 외교 성과였던거지.

알렉산더 3세 다리

Chapter15. 그해 8월

이리하여 1907년에 프랑스, 영국, 러시아가 함께 하는 삼국협상(**Triple Entente**)이 완성되었는데 이게 다 호전성을 대놓고 드러내는 독일을 포위하자는 의도였지.

독일이 오스트리아, 이탈리아를 데리고 만든 삼국동맹(**Triple Alliance**)이 갑자기 초라해져 버렸다. 그나마 나중에 전쟁이 일어나자 이탈리아는 배신을 하고 빠져버렸지.

비스마르크가 죽기 전에 가장 두려워 했던 일이 일어나고 만거야.

독일이 절대로 피해야 할 일은 동쪽과 서쪽에 두개의 전선을 만드는 것이다. 그러므로 어떤 댓가를 치루더라도 러시아를 끌어 안아야 한다.

빌헬름 2세라고 이걸 모르진 않았지. 사촌동생인 니콜라스 2세를 열심히 꼬드겼다. 빌헬름 2세는 항상 영어로 편지를 보냈고 영국식 애칭으로 불렀다지

니키? 윌리?

Dear Nicky,
프랑스와 놀지 마. 걔들은 왕도 잡아 죽였잖아. 러시아 국민들이 못된걸 배우면 안되지.
Yours, Willy

하지만 러시아 황실에 그를 좋아하는 사람이 아무도 없었다. 아마도 그의 독특한 막말 버릇에 유난스러운 호전성과 게르만 제일주의 때문이었을 것이다.

러시아의 짜르는 시골에서 농사나 지으면 딱 어울릴 인물이다.

니키라더니...

오히려 황태자를 포함한 모든 귀족 자제들은 프랑스어를 열심히 배웠고 생페테스부르그를 빠리처럼 만드는데 열심이었지.

몽, 마, 메.

똥, 따, 떼.

Chapter15. 그해 8월

1906년 영국이 드레드노트라는 전함을 진수하였는데

겁나는게 없다, 이런 뜻 되겠다.

DREAD
(무서워하다)

+

NOUGHT
(nothing)

이름만 그런게 아니라 기존의 전함과는 차원이 다른 엄청난 스펙을 갖추고 있었다.

12인치 함포

7인치 속사포

스팀터빈 엔진

두꺼운 장갑에도 불구하고 21노트

당연히 건조비용이 어마어마 했겠지, 빌헬름 2세는 해군예산을 늘려서 도크를 건설하고 드레드노트급 전함을 급속히 늘려갔다.

돈 팍팍 쓰라구! 머핸선생 말씀이 해양을 지배해야 대접을 받는다잖아.

G2 사이에 해군 군비경쟁이 시작된거지.

육군은 몰라도 해군력 증강은 절대로 절대로 절대로 봐줄 수 없다!!

1차세계대전 당시 영국 해군성 장관이던 윈스턴 처칠

왜 그렇게나 절대로 안됐을까? 당시 세계 상선의 43%가 영국 상선이었고 영국 본토는 식량의 70%를 해상을 통한 수입에 의존하고 있었다.

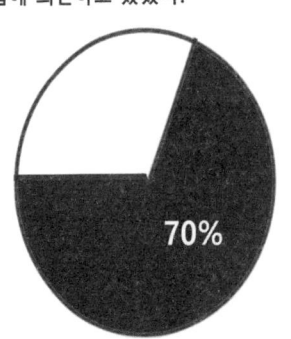

즉, 영국은 해양 패권을 잃으면 쓰러지게 되는 구조였거든.

그러므로 우리 바다를 위협하는 것은 곧 대영제국의 목에 칼을 겨누는 거라구!

우.리.바.다??

Chapter15. 그해 8월

독일이 키엘운하를 확장하면서 영국의 신경은 더욱 곤두섰다. 확장공사가 끝나면 독일의 드레드노트급 전함이 유틀란트반도를 우회하지 않고 바로 북해로 나올 수 있었기 때문이다.

지금은 키엘운하라고 부르지만 당시에는 '카이저 빌헬름2세 운하'라고 명명했는데 사라예보 암살사건 직후 완공되었다.

세계 최강국으로서 "영광의 고립"을 고집했던 영국이 삼국협상에 가세한 배경에는 이처럼 신흥강국 독일의 거친 도전이 있었다.

일찍이 영일동맹을 맺어 경계할 정도로 러시아를 적대시 했었고

프랑스와는 수세기에 걸친 앙숙이었으면서도 이들과 손을 잡은 것은 이들이 예뻐서가 아니라 독일보다는 덜 미웠기 때문이지.

풍요와 낭만이 넘치던 벨르 에뽀끄의 시대가 저물어가면서 화려한 거리를 벗어난 음습한 뒤안길에서는 이처럼 피비린내 나는 패싸움의 진용이 짜여지고 있었던 것이다.

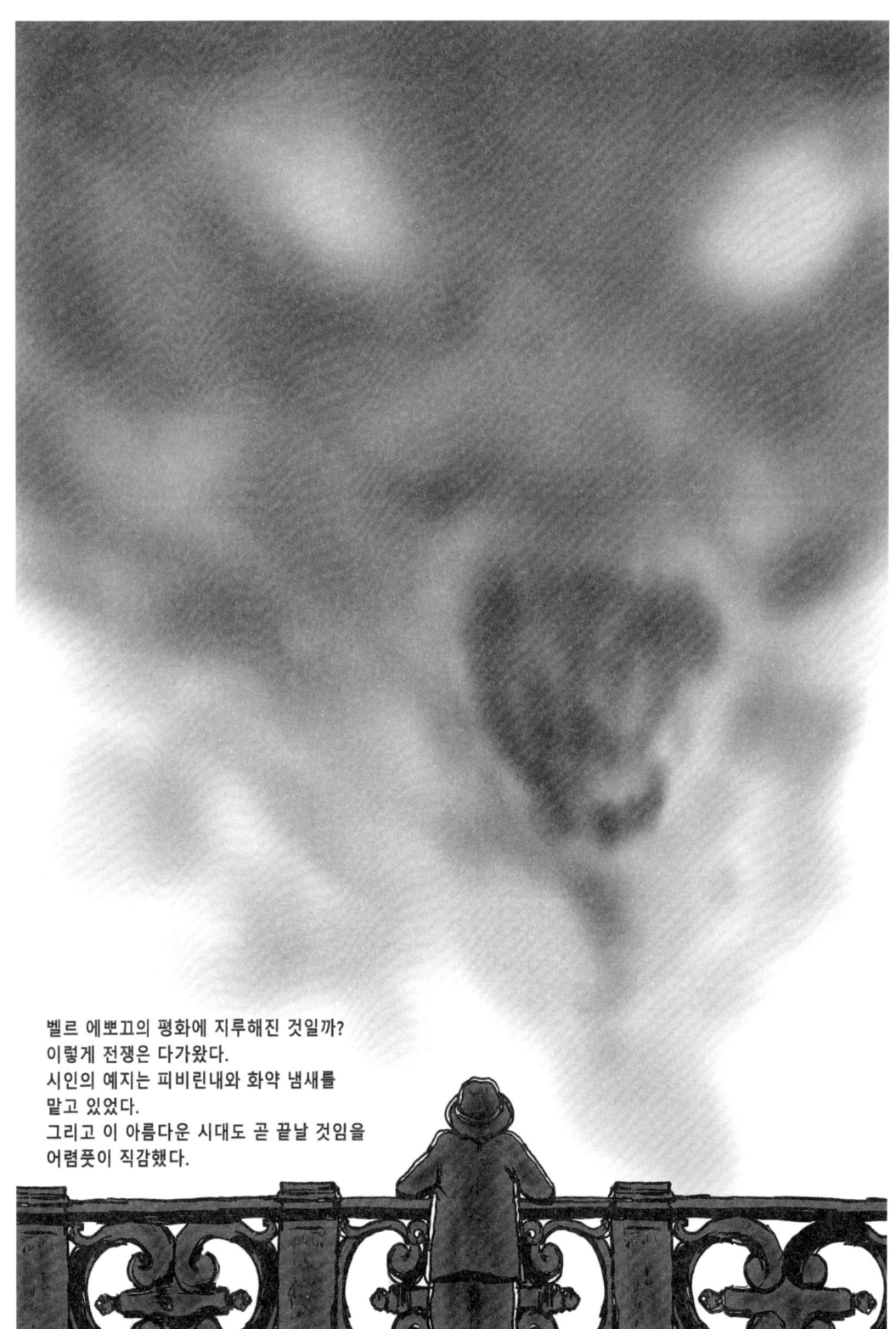

Chapter15. 그해 8월

독일은 폰 쉴리펜 백작의 주도 하에 만들어진 쉴리펜 플랜이라고 하는 전쟁의 마스터플랜을 가지고 있었다.

알프레드 폰 쉴리펜
(1833~1913)

프랑스와 러시아를 상대로 두 개의 전선에서 전쟁을 치러야 할 것이 확실해지면서 독일은 이 상황에 대응할 작전이 필요하게 되었다.

쉴리펜은 생각했지.

러시아는 영토가 넓고 비능률적인 나라다. 선전포고를 하고 전선에 병력을 집결시키려면 적어도 6주가 걸릴 것이야.

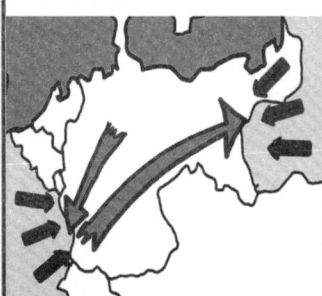

따라서 속전속결로 40일 안에 프랑스의 항복을 받아내고 그 다음에 동부전선으로 옮겨서 러시아를 상대하면 돼.

프랑스를 40일 안에 무릎 꿇리려면 어떤 작전을 써야 할 것인가?

벨기에

접경지역을 돌파하려면 프랑스군이 요새화해놓고 기다리는 지역을 통과해야 돼. 그러면 참호전으로 아까운 시간만 끌게된다.

프랑스

독일

스위스

훨씬 더 과감한 작전이 필요해.

40일 안에 승리를 거두려면 적이 상상도 할 수 없는 대담한 작전이 필요하다구.

쉴리펜의 작전개념을 지도 위에 그리면 이렇게 된다.
속전속결로 프랑스를 끝내고 러시아를 상대해야 하는 독일의 처지에서는 어쩌면 유일한 작전일지도 모른다.
그런데 전쟁 당사자가 아닌 벨기에를 지나가야만 하나?
벨기에는 당시에 강국들 사이에 살아남는 방법으로 중립 선언을 했고 독일을 포함한 영국, 러시아, 프랑스 이렇게 4강에게 중립국 보장을 받은 처지였거든.

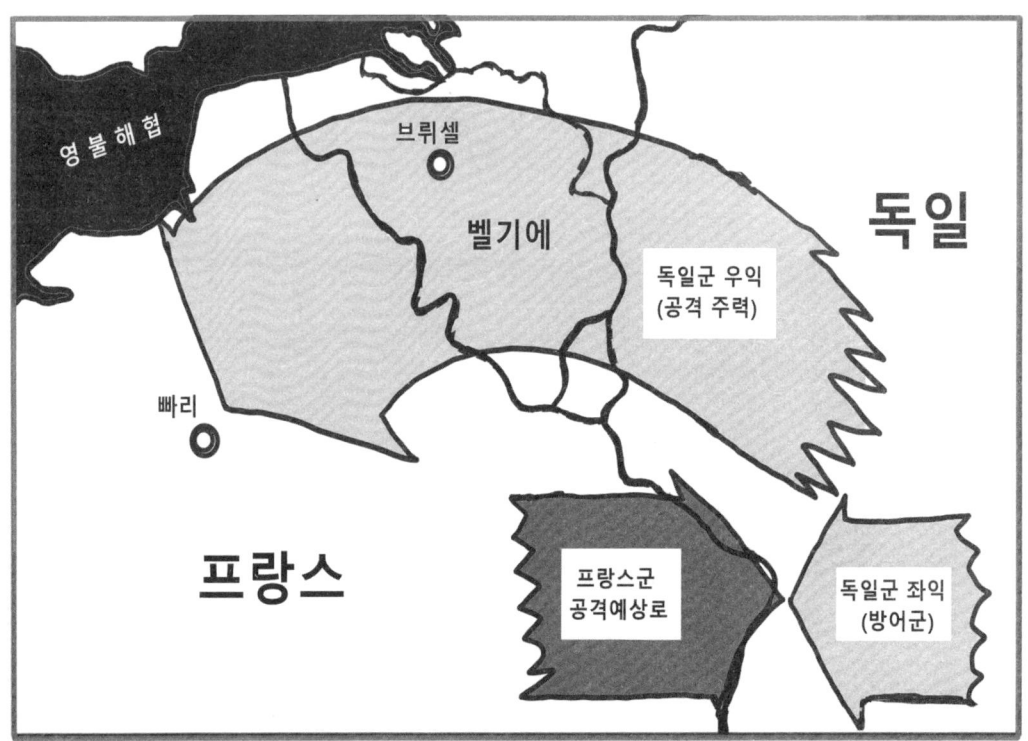

Chapter15. 그해 8월

237

Chapter15. 그해 8월

군복을 둘러싼 논쟁이 이 당시 프랑스군의 분위기를 말해준다.

19세기 중반까지만 해도 총기의 사거리나 정확도가 낮았고 한 번 쏘고나면 재장전하는데 시간도 많이 걸렸다.

그러다보니 전투복을 화려하게 만들곤 했지.

은폐보다는 화려한 색깔로 사기를 올리고 적을 위압하는게 더 중요했거든.

그러나 총기의 성능이 발전하면서 하나 둘 씩 눈에 덜 띄는 색깔로 군복을 바꾸기 시작했어.

우선 살고 봐야지...

그런 옷은 의장대나 갖다주라구.

그래서 20세기에 들어서서 영국군은 카키색,

독일군은 회색으로 전투복이 바뀌었는데

프랑스군만 안 바꾸겠다는거야.

저런 옷 입고는 학교 안 갈래.

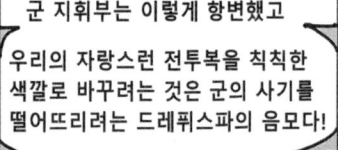

Chapter15. 그해 8월

241

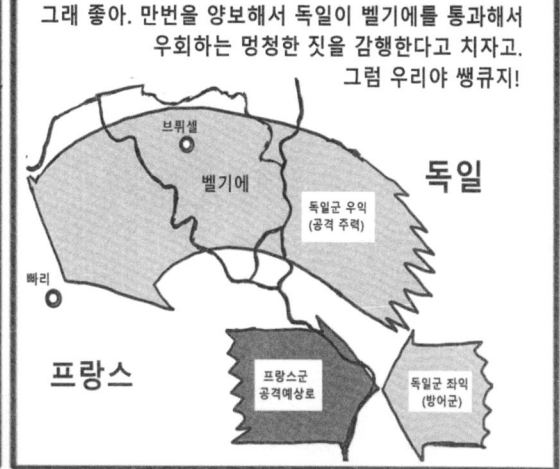

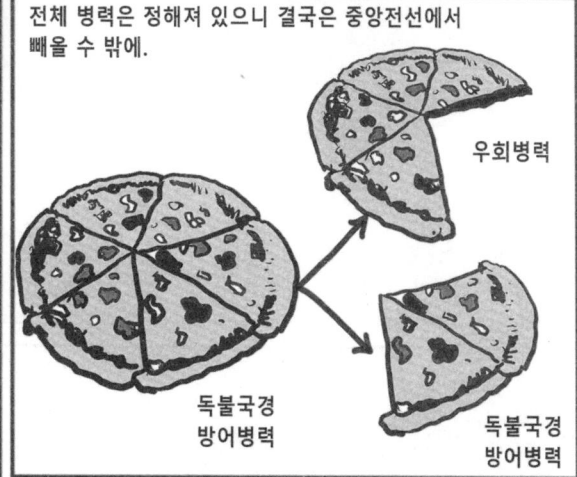

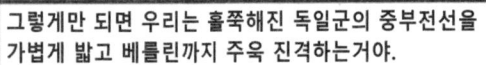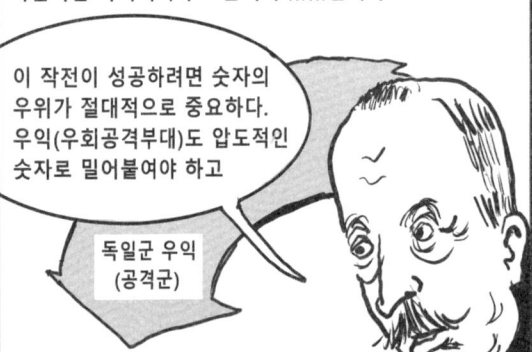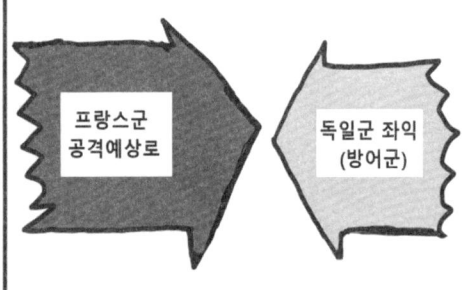

Chapter15. 그해 8월

Chapter15. 그해 8월

말 6만 7천 마리의 동원계획도 꼼꼼히 세웠다.
1차 세계대전까지만 해도 말은 중요한
전쟁자원이었거든.

스티븐 스필버그 감독의 워호스 (War Horse)를
감상해 보시기 바란다. 눈물겨운 말 한 마리의
기구한 일생을 통하여 1차 대전의 주요전투가
거의 다 등장한다.

WAR HORSE
by
Steven Spielberg

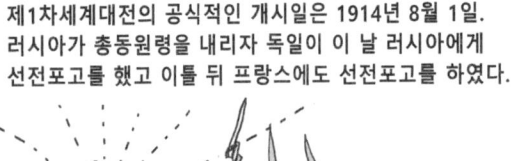
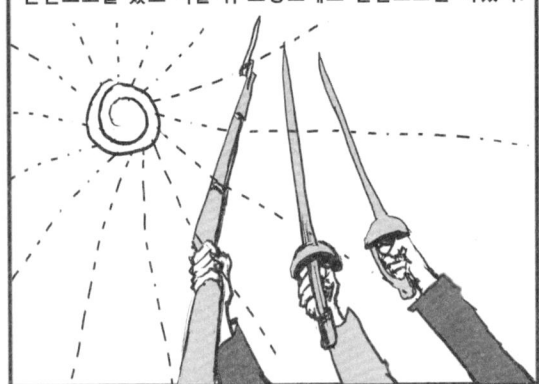

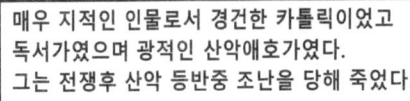

Chapter15. 그해 8월

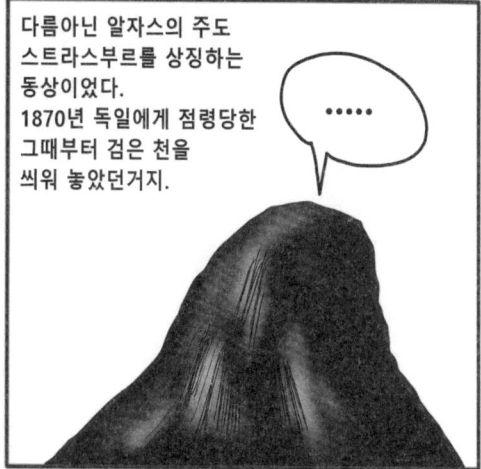

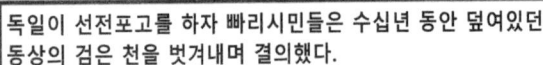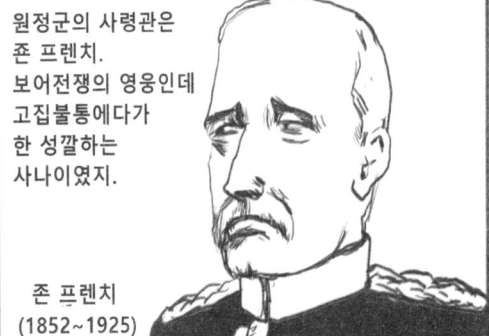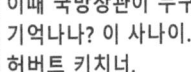

Chapter15. 그해 8월

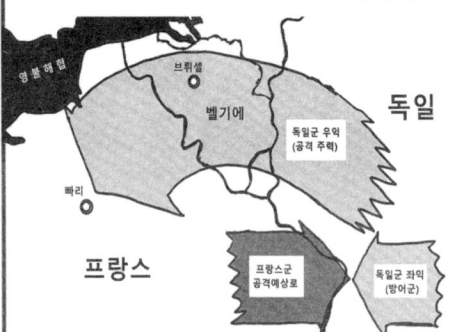

Chapter15. 그해 8월

8월 12일 괴물이 리에쥬에 도착했다.

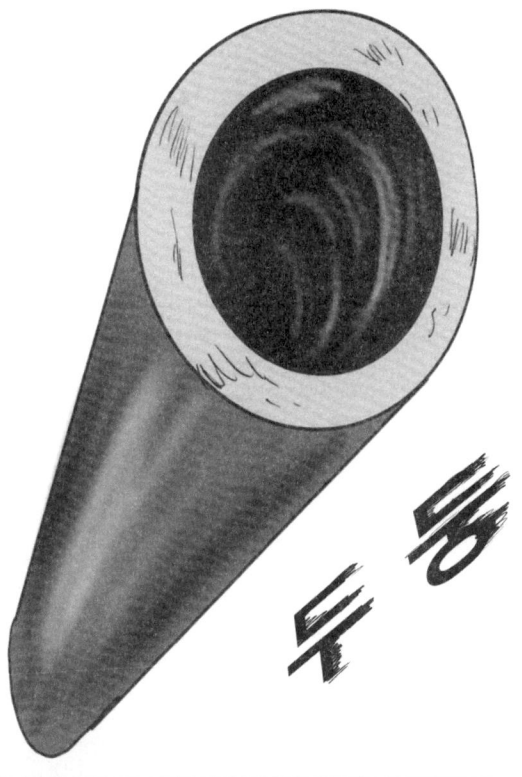

독일의 방산업체 크룹이 만든 420mm구경의 진지공격용 대포였다.
요즘 우리나라 포병부대의 주력인 K9자주포가 155mm인것과 비교해도 엄청난 거포였지.

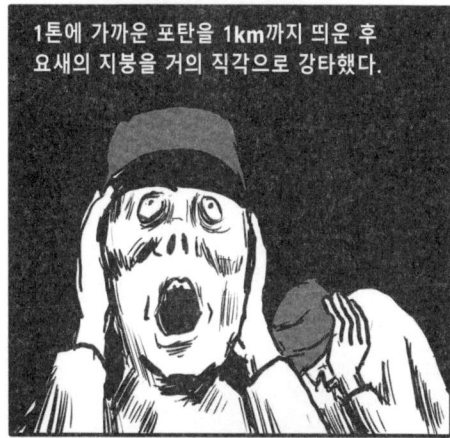

1톤에 가까운 포탄을 1km까지 띄운 후 요새의 지붕을 거의 직각으로 강타했다.

독일군은 밤새도록 이 괴물을 쏘아대어 8월 14일에야 리에쥬 요새를 함락시킬 수 있었다.

요새 사령관이었던 벨기에의 르망 장군은 무너진 요새 안에서 실신한 채로 발견되어 포로가 되었다.

벨르 에뽀끄 시대의 기술과 자본이 만들어낸 이 괴물에는 어울리지 않는 애칭이 붙어있었으니, 이름하여 "빅 버사(Big Bertha)"

이 여인, 버사 크룹의 이름을 따온 것이었다.

Bertha Krupp (1886~1957)

버사 크룹은 크룹사의 상속녀였는데 빌헬름 2세가 직접 중매를 서서 남편을 골라줬을 정도로 명문가의 엄친딸이었다.

하지만 말이지, 전장에서 수많은 젊은이의 목숨을 뺏아간 괴물에 자기 이름이 쓰인걸 보면 팔자가 사납다고 해야 하나, 기구하다고 해야 하나...

세월이 흘러 미국의 골프용품업체인 C사에서 자신들의 드라이버에 '빅 버사'라는 이름을 붙여 내놓아 1990년대에 히트를 쳤다

엄청 멀리 날라간다는걸 강조하고 싶었던 것이겠지만 이름의 유래를 알고나서는 아무래도 찝찝하더라는거야.

사장님, 굿샷~

Chapter15. 그해 8월

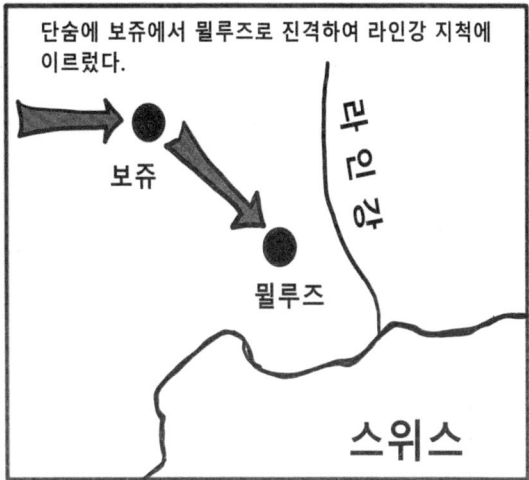

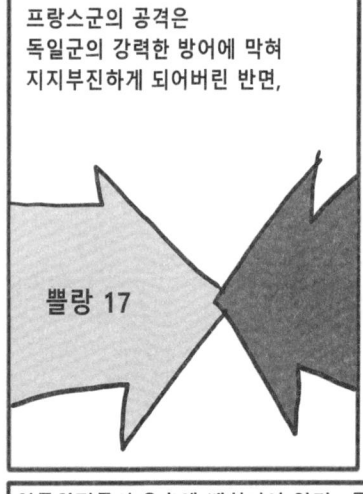

Chapter15. 그해 8월

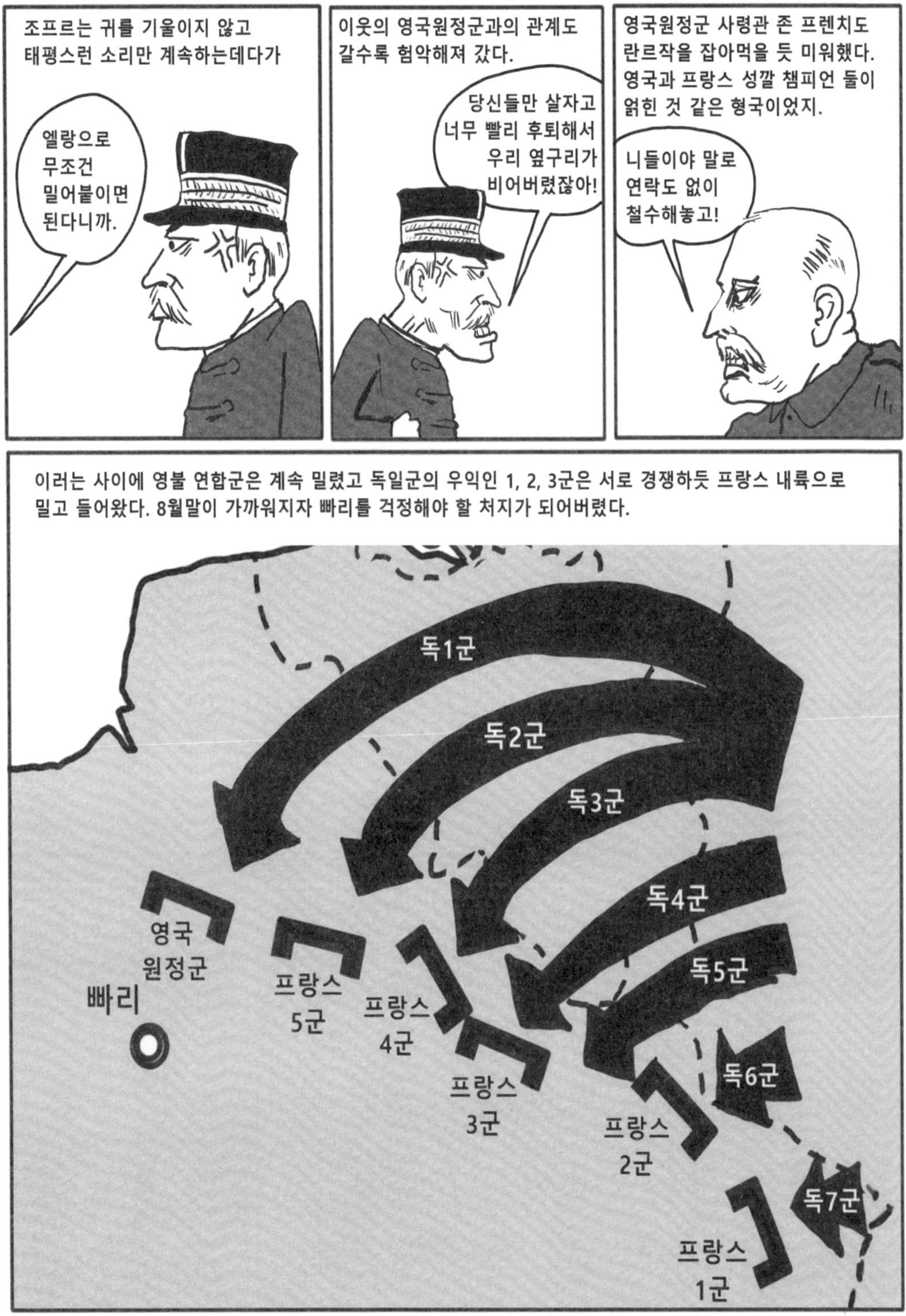

이러는 사이에 영불 연합군은 계속 밀렸고 독일군의 우익인 1, 2, 3군은 서로 경쟁하듯 프랑스 내륙으로 밀고 들어왔다. 8월말이 가까워지자 빠리를 걱정해야 할 처지가 되어버렸다.

Chapter15. 그해 8월

그런데 말이지, 역사 속으로 여행하다 보면 세상 일이라는게 참 알 수가 없더라고. 여기서 기적같은 대반전이 벌어지는거야. 그 이야기는 나중에 이어가고...

일단은 러시아와 독일의 전투가 벌어지고 있던 동부전선에 다녀오기로 한다. 이곳에서 벌어진 일이 서부전선에서의 대반전과 무관하지 않거든.

니콜라스 2세는 자신과 같은 이름의 육촌인 니콜라스 대공을 독일과의 전쟁을 지휘할 총사령관으로 임명했다.

대공 니콜라스 니콜라에비치 (1856~1929)

키가 2m에 가깝던 그는 '큰 니콜라스'로 불리며 병사들 사이에 인기가 높았다. '작은 니콜라스'라고 불렸던 사람이 누구였는지는 짐작이 가겠지?

8월 15일 생페테스부르그역에서 거행된 출정식부터 김이 빠졌다. 참석하기로 했던 짜르 니콜라스 2세가 모습을 보이지 않았거든.

대공은 우리 라스푸틴 성자를 모함하는 자에요. 그리고 당신 자리를 탐낸다는 소문도 있다구요.

하지만 더 심각한 문제는 고양이 눈매를 가진 이 인물 때문이었다.

블라디미르 수콤리노프 (1848~1926)

Chapter15. 그해 8월

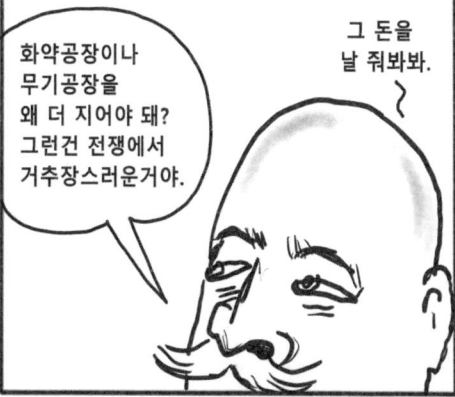

Chapter15. 그해 8월

제1차 세계대전의 독일군 총사령관은 폰 몰트케였다.

헬무트 폰 몰트케
(1848~1916)

그는 1870의 프랑스-프러시아 전쟁에서 프러시아군을 지휘했던 헬무트 폰 몰트케의 조카였는데

삼촌의 이름을 그대로 이어받은 그는 카이저가 이런 말을 할 때마다 아주 질색을 했다고 한다.

자네 삼촌이었다면 이렇게 했을텐데...

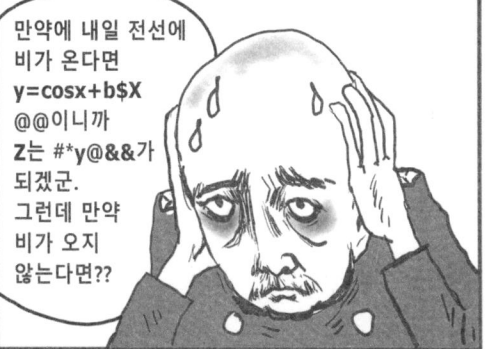

전쟁이 터지기 한 해 전에 중풍이 와서 건강문제가 있었고 무엇보다도 내성적인 성격의 소유자로서 언제나 근심, 걱정을 안고 살았다.

만약에 내일 전선에 비가 온다면 $y=\cos x + b\$X$ @@이니까 Z는 #*y@&&가 되겠군. 그런데 만약 비가 오지 않는다면??

탄약도, 식량도 제대로 챙겨오진 못했지만 어쨌던 러시아의 1군과 2군이 선전포고를 한지 2주만에 전선에 모습을 나타냈다.

독일
1군
2군
러시아
오스트리아

독일인들은 지나치게 철저하리만큼 꼼꼼하게 계획을 세우고 그 계획대로 일을 하는 민족이다. 계획에서 벗어난 일이 생기자 당황했다.

쉴리펜계획에 따르면 6주는 지나야 러시아군이 나타는걸로 되어있는데??

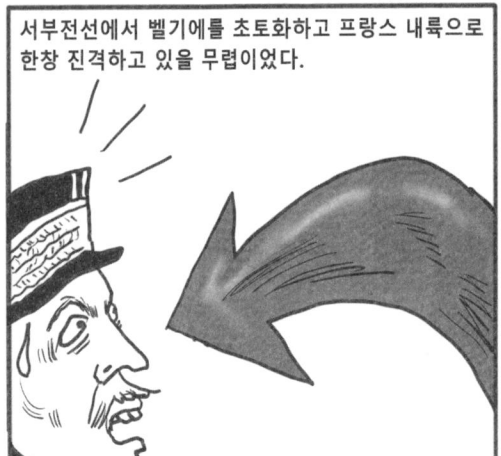

Chapter15. 그해 8월

여기서 몰트케는 두 개의 중요한 결정을 내렸다. 결과론의 입장에서 지금 되돌아 보자면 하나는 매우 성공적인 결정이었던 반면에…

또 하나는 치명적인 결정이 되고 말았다.

성공적인 결정부터. 전쟁 중임에도 불구하고 몰트케는 프리트뷔츠를 즉시 해임했다.

그리고 고향에 내려가 있던 한 퇴역장군에게 전보를 보냈다.

선배님이 다시 한번 국가에 봉사해주셔야 되겠습니다.

새벽 3시에 전보를 받은 퇴역장군은 새벽 4시에 하노버역에서 기차를 탔다.

다녀오리다.

요즘 회색 군복이 없어서 어떡해요?

그리고 기차에서 역시 새로 임명된 자신의 참모장을 만나 함께 동부전선 전황의 브리핑을 받았다.

이들이 동부전선의 영웅이 된 힌덴부르그 장군과 그의 참모장 루덴도르프이다. 힌덴부르그는 전후에 히틀러가 등장하기 전까지 대통령직을 역임하기도 하였다.

파울 폰 힌덴부르그
(1847~1934)

에리히 루덴도르프
(1865~1937)

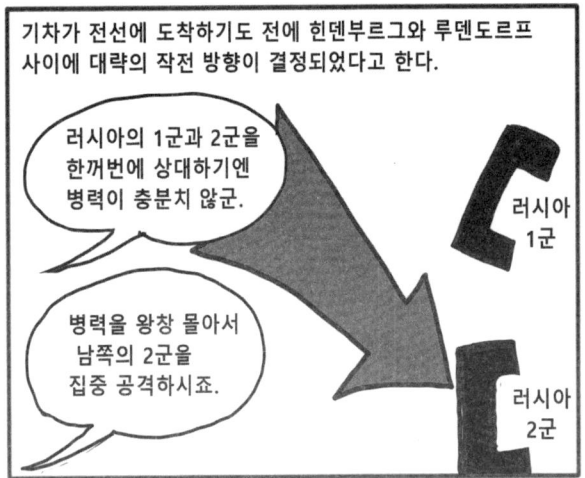

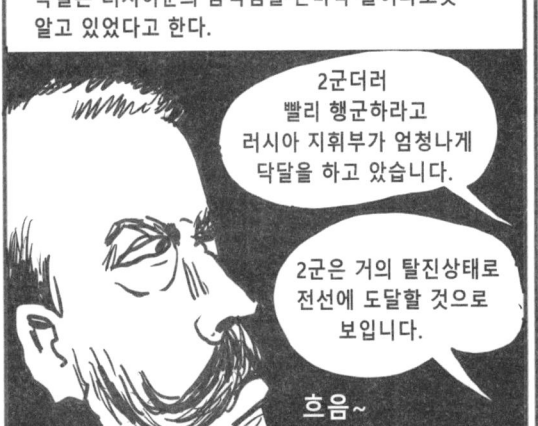

Chapter15. 그해 8월

Chapter15. 그해 8월

이야기가 많이 번져버렸는데 다시 본줄기로 돌아가자.
몰트케가 두가지 중요한 결정을 내렸다고 했지?
하나는 동부전선의 지휘관을 단칼에 교체한거고,

또 하나는 무엇이었을까?
걱정이 많은 몰트케, 동부전선의 지휘관을 바꾸는 조치만으로는 안심이 되지 않았다.

"만에 하나 베를린이 함락되면 종치는건데..."

고민에 고민을 하다가 쉴리펜계획을 벗어나는 결정을 내렸다.
8월 25일의 일이다.

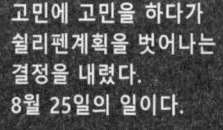

"할 수 없다. 급한 불부터 끄는 수밖에. 서부전선에서 2개 군단을 빼내서 동부전선으로 돌린다!"

결과적으로 서부전선에서 빼낸 2개군단은 힌덴부르그에게 큰 도움은 되지 않았다.
이들이 도착하기 전에 탄넨부르그전투가 끝나버렸거든.
하지만 서부전선의 전황에 결정적인 영향을 미치게 된다.

지금부터 벌어질 대반전의 중심에는 이 사나이가 있었다.

독일 1군 사령관
알렉산더 폰 클룩
(1846~1934)

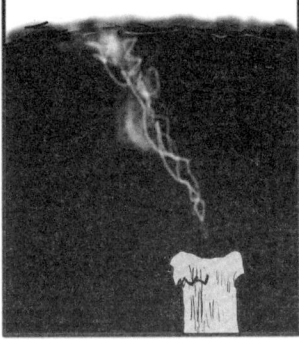

Chapter15. 그해 8월

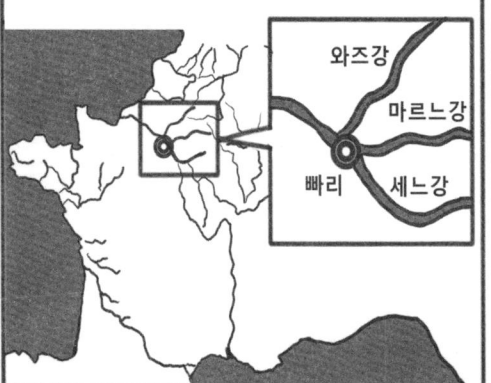

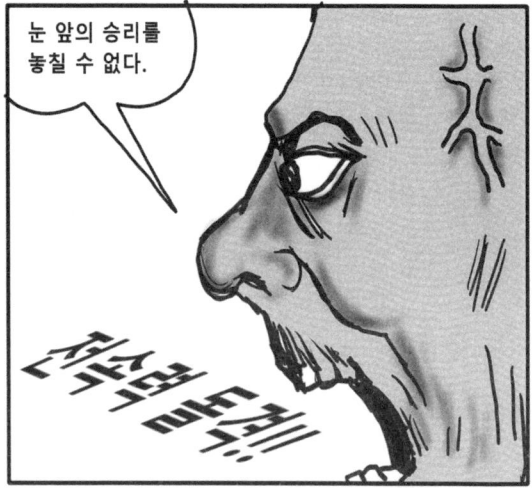
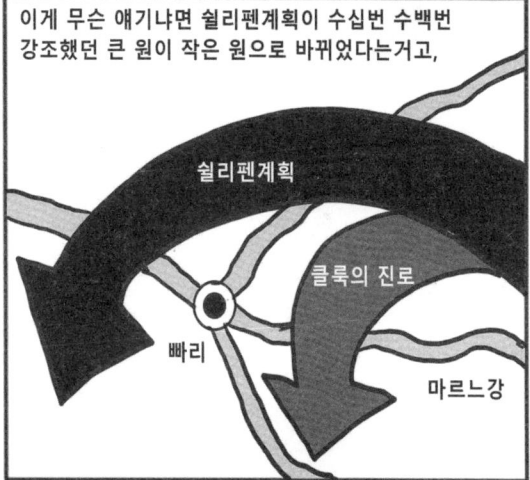

이것이 세계전쟁사에 길이 남아있는 그 유명한 '클룩의 방향전환'(Von Kluck's Turn)이다.

독일의 2군 사령관 뷜로우는 클룩이 마르느강을 건넜다는 소식을 듣고 노발대발했고,

뭐라?? 1군이 우리보다 앞서 나갔다고?

2군사령관 카를 폰 뷜로우

몰트케는 작전상황판을 보고 아연실색했다.

뭐야!? 옆구리가 휑하니 비어있잖아??

등떠밀려서 빠리방위사령관에 임명된 갈리에니 기억하시지?

앞이 안보이던 그 순간에

세느강의 다리들을 언제 폭파시켜야 하나?

항공정찰 결과를 보고받고 클룩의 방향전환이 노출한 독일군의 약점을 가장 먼저 알아챈 인물이 되었다.

Chapter15. 그해 8월

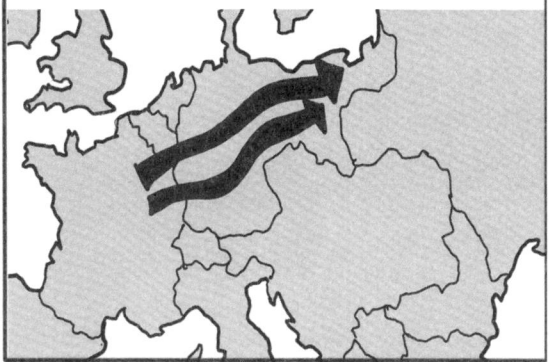

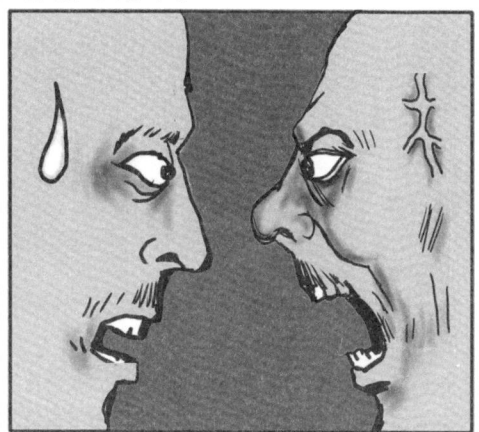

Chapter15. 그해 8월

새로운 사령관 에스뻬리가 이끄는 프랑스 5군과 갈리에니의 6군이 영국원정군과 함께 독일군의 휘히 드러난 옆구리를 찔렀다.

마르느강을 끼고 벌어진 이 전투, 영불연합군이 개전 이래 처음으로 큰 승리를 거둔 이 전투를 마르느 전투라고 부른다.

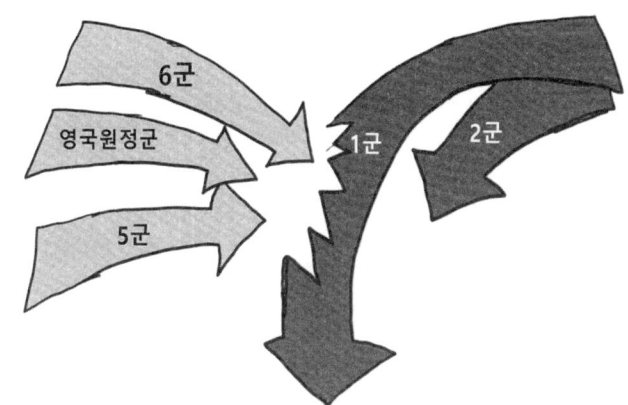

이 전투로 독일군의 일방적인 진격이 멈췄고 1차대전의 상징이 된 지루하고 악명높은 참호전에 돌입했다.

눅눅한 참호에서 견딜 수 있도록 우리가 바바리 코트라고 부르는 트렌치코트까지 개발된 그 참호전 말이다.

이로써 빌헬름2세의 호언장담은 이루어지지 않았다.

제군들은 낙엽이 지기전에 집으로 돌아올 것이다!

베를린에 낙엽이 지기 시작했건만 산 자는 참호에 남았고

집에 돌아올 수 있었던건 전장의 혼령들 뿐이었다.

여보, 오늘은 우리 한스가 곁에 있는것만 같아요

엄마...

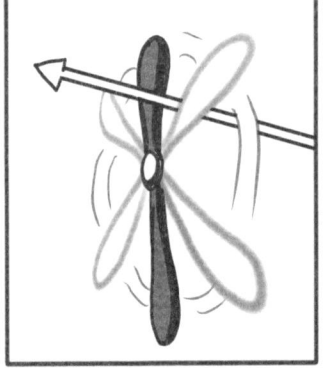

Chapter 16

마지막 짜르
러시아혁명과 라 벨르 에뽀끄의 종말

뭐라구? 뭐라구?

- 니콜라스 2세, 처형 직전 마지막 말.

1881년 3월 13일, 일요일이었다.
생페테스부르그 시내를 달리던
러시아의 짜르
알렉산더 2세가 타고있던
호화스런 마차 아래로
폭탄이 던져졌다.

요란한 폭발음과 함께 마차를 경호하던 코사크 기병대 한 명을 죽이고 몇몇 부상을 입혔지만 짜르가 탄 마차를 파괴하지는 못했다. 프랑스의 나폴레옹 3세가 특수제작하여 선물한 방탄마차였거든.

알렉산더 2세는
상황을 파악하려고
마차 밖으로 나왔는데

벌써 열두번째 암살 기도야.
역시 하느님이 러시아의
짜르를 보호해주시는군.

반대편에서 또 하나의 폭탄이 날아들었다.

아직 하느님에게
감사하긴 이르다!!

반정부 지하조직 '민중의 뜻'의
행동대원이 던진 두번째 폭탄에
하반신이 으깨진 짜르는
겨울궁전으로 옮겨졌으나
출혈이 심해
마지막 성사를
받아야 했다.

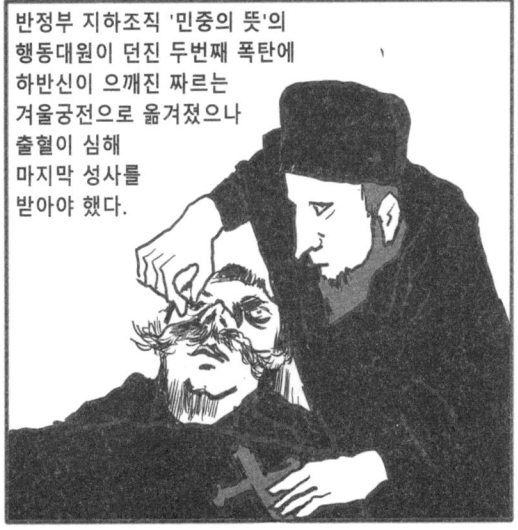

 Chapter16. 마지막 짜르

알렉산더 2세는 사실 개혁적 군주였다.

농노제를 폐지하고 토지를 농노들에게 돌려주도록 하라!

1861년 농노해방령

아니 되옵니다.

백성들이 반란을 일으킨 후에야 양보하는 것보다 짐이 나서서 폐지하는 것이 그대들 신상에도 좋을 것이다.

이랬던 알렉산더 2세가 암살로 고통스러운 최후를 맞이하는 광경을 그의 아들과 당시 열세살이던 손자가 지켜보았다.

손자
(후에 짜르
니콜라스 2세)

아들
(알렉산더 3세)

인민들은 선의를 베푼다고 고마워하지 않아. 오히려 짜르를 약하게 보고 이런 짓을 저지르게 되지.

알렉산더 3세는 러시아를 완전히 반동정치로 돌려놓았다. 서유럽이 입헌군주의 근대적 정치체제로 변화할 때 러시아만은 짜르의 절대권력을 기반으로 하는 전근대적 전제주의로 되돌아갔다.

니콜라스 2세는 그런 아버지를 보며 자랐다. 하지만 니콜라스 2세는 마초 기질의 아버지 알렉산더 3세와 달리 소심하고 줏대가 약한 젊은이였어.

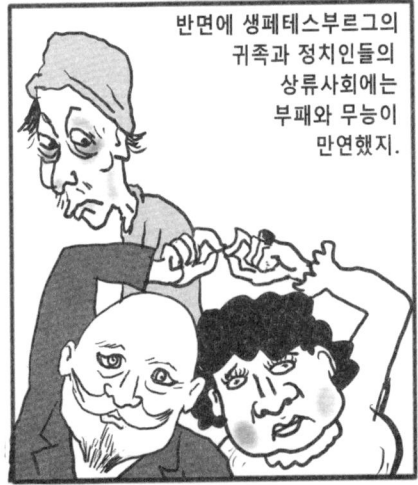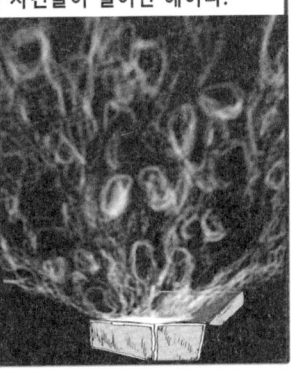

Chapter 16. 마지막 짜르

게오르기 가폰은 가난한 민중들에게 인기가 많은 젊은 신부였다.

동방정교회 신부 게오르기 가폰 (1870~1906)

생페테스부르그에서 파업이 일어나자 가폰은 노동자들의 행렬을 이끌게 되었다. 1월 22일 일요일이었다.

여러분, 이럴게 아니라 호소문을 써서 짜르폐하께 직접 우리의 어려움을 알려드립시다.

이들은 반체제 운동권이라기보다 순진한 노동자들이었다.

짜르 아버지, 우리를 보살펴주세요.

신이여, 짜르를 보호해주소서.

일요일 미사후였기에 가진 옷 가운데 제일 좋은 옷을 차려입고 짜르의 궁전을 향하여 출발했는데 그때나 지금이나 숫자는 주장이 엇갈린다.

경찰측 추산 3천명   5만명 주최측 집계

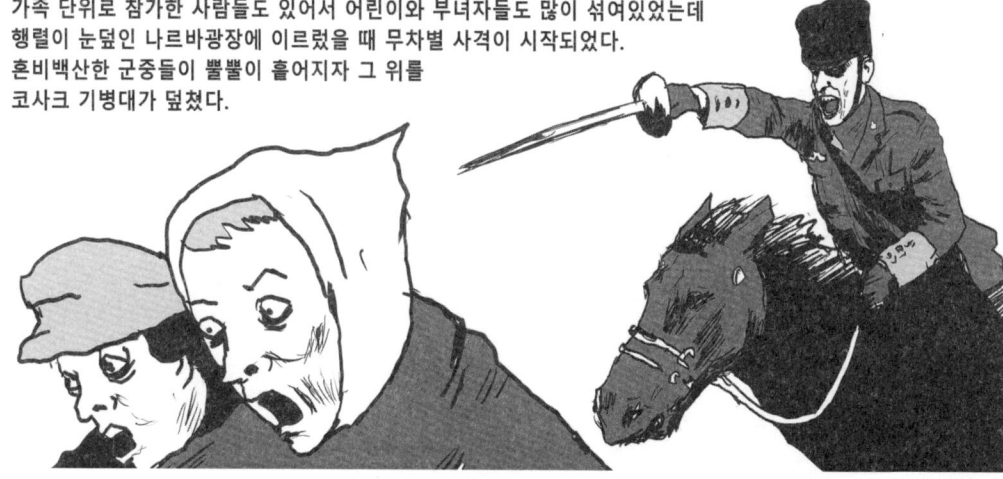

가족 단위로 참가한 사람들도 있어서 어린이와 부녀자들도 많이 섞여있었는데 행렬이 눈덮인 나르바광장에 이르렀을 때 무차별 사격이 시작되었다. 혼비백산한 군중들이 뿔뿔이 흩어지자 그 위를 코사크 기병대가 덮쳤다.

Chapter16. 마지막 짜르

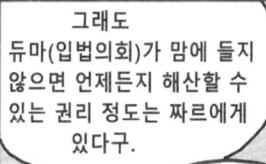

Chapter16. 마지막 짜르

1905년의 일련의 사건들에 더하여 로마노프 왕가의 종말을 재촉한 것은 니콜라스 2세의 비극적 가족사였다.

가족들 사이에 불화가 심했냐구? 천만에. 너무 가정적인게 오히려 문제였지. 이런 사람들과 비교하면 니콜라스 2세는 절대군주 치고는 예외적일 정도로 가정적인 인물이었거든.

니콜라스 2세는 자신의 배필을 정할 때만은 이례적으로 강력하게 자기 주장을 하였다.

헤세의 앨릭스공주가 아니면 차라리 수도승이 되겠습니다.

러시아에는 반독, 반게르만 정서가 강했다. 알렉산더 3세도 반대했지만 자식 이기는 부모가 있겠어? 자신의 병세가 깊어지고 죽음이 목전에 오자 허락할 수 밖에 없었지.

독일 여자는 안되는데....

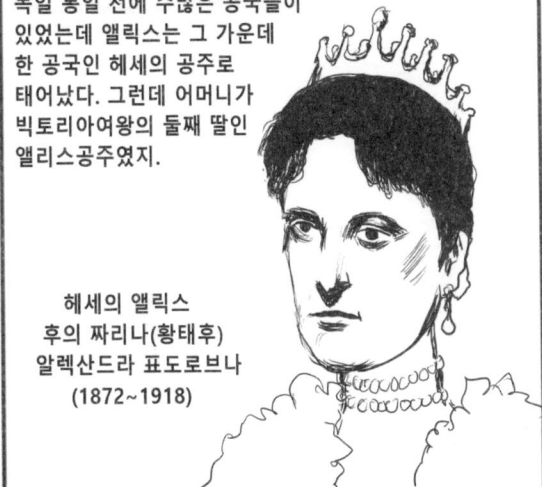

독일 통일 전에 수많은 공국들이 있었는데 앨릭스는 그 가운데 한 공국인 헤세의 공주로 태어났다. 그런데 어머니가 빅토리아여왕의 둘째 딸인 앨리스공주였지.

헤세의 앨릭스
후의 짜리나(황태후)
알렉산드라 표도로브나
(1872~1918)

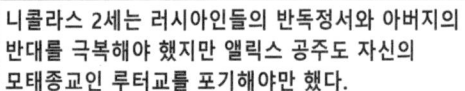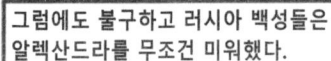

Chapter16. 마지막 짜르

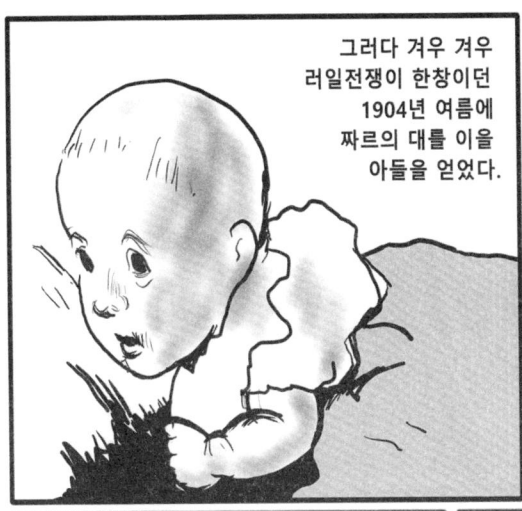

그러다 겨우 겨우 러일전쟁이 한창이던 1904년 여름에 짜르의 대를 이을 아들을 얻었다.

얼마나 큰 경사였겠어? 쩨사레비치 탄생기념으로 전국의 가난한 이들에게 음식을 나눠줬는데 혼란 속에서 밟혀 죽은 사람이 수천명이었단다. 러시아 관료들의 무성의를 보여주는 장면이었지.

난 다행이여, 옆집 이반네 아부지는 밟혀 죽어부렀어.

가족들의 사랑을 한 몸에 받은, 러시아 해군의 세일러복을 너무 좋아했던 귀여운 이 아이가 로마노프 왕가가 맞이하게 되는 비극의 씨앗이 되었다.

쩨사레비치 알렉세이 (1904~1918)

이 아기의 배꼽에서 흘러나오는 피가 멈추질 않는거야.

혈우병이란 겁니다.

이건 빅토리아여왕의 모계혈통으로 전해져 내려오는 유전병이었다.

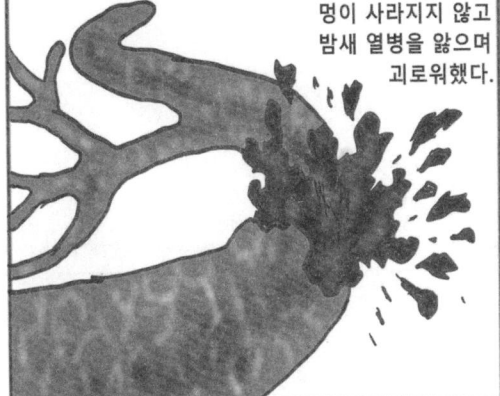

코피라도 쏟기 시작하면 목숨이 위태로웠고 어디 부딪히기만 해도 내출혈이 멈추지 않아 멍이 사라지지 않고 밤새 열병을 앓으며 괴로워했다.

아무 손써볼 방법도 없이 금지옥엽 막내아들의 고통을 지켜보아야 하는 부모의 마음이 어땠겠는가?

알렉세이의 고통을 덜어줄 수만 있다면 난 무엇이든 할 수 있겠어요.

이 가족의 비극의 틈새를 한 사내가 파고 들어왔다.

그리고리
라스푸틴
(1869~1916)

당시 러시아정교회는 정식 과정을 거친 사제가 아닌 개인적 체험을 통해 영적 능력을 갖게된 수도자를 인정하는 분위기였다.
이런 수도자들을 스타레츠라고 불렀는데 라스푸틴도 그런 스타레츠들 가운데 하나였지.

라스푸틴은 시베리아에서 태어나 망나니로 자라다가 결혼하고 자녀도 낳았지만 영적인 계시를 받고 수도자로서 순례여행을 다니기 시작했다.

이번엔 얼마나 걸려유?

알렉세이가 태어날 때 쯤에는 생페테스부르그까지 진출해서 귀부인들 사이에서 꽤 알려진 인물이 되어 있었다.

그 도사님이 기도빨이 글케 좋아요?

직접 만나서 눈빛을 한번 쳐다보세요. 영험이 대단하단 걸 금방 알게 될걸요.

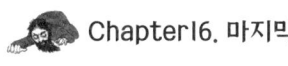
Chapter16. 마지막 짜르

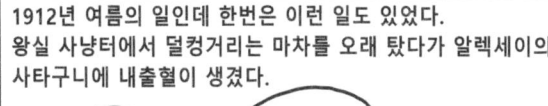

Chapter16. 마지막 짜르

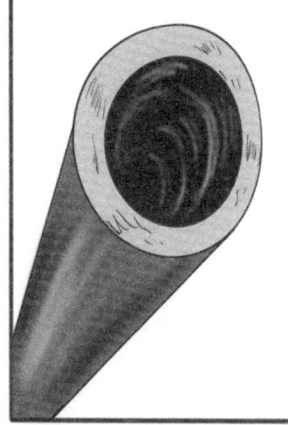

Chapter16. 마지막 짜르

인사농단에

이권개입에

심지어는 짜리나와 수상한 관계라는 낭설까지 나돌았다.

저 미친 사기꾼의 손아귀에서 황실을 빼내지 않으면 로마노프왕조가 곧 절딴나겠군.

펠릭스 유수포프는 러시아에서 손꼽히는 명문귀족 출신에다가 니콜라스 2세의 하나 뿐인 조카와 결혼한 짜르의 조카사위였다. 인물도 준수한데다 옥스포드 유학까지 다녀온 당대 최고의 엄친아였지.

펠릭스 유수포프
(1887~1967)

유수포프는 라스푸틴에게 접근하여 친분을 쌓았다.

도사님 기도 덕분에 제 두통이 말짱해졌어요!

이건 약소하지만 감사의 표시로.

 **Chapter16. 마지막 짜르**

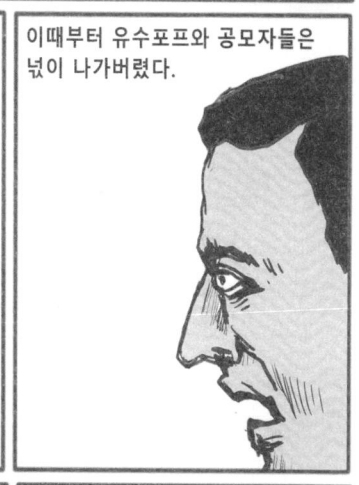

정신없이 난도질한 후 시체를 꽁꽁 묶어서 네바강에서 다리 아래로 던져버렸다.

며칠후 경찰은 네바강 얼음 밑에서 엉망이 돼버린 라스푸틴의 시신을 찾아내었는데

놀라운 것은 부검의의 증언이다.

놀랍게도 라스푸틴의 폐에서 강물이 발견됐어요. 네바강에 던져질 때까지도 숨이 붙어 있었다는 얘기죠.

라스푸틴이 기인이었던건 틀림없지만 어쩐지 이야기에 MSG가 좀 들어간 느낌이 들지 않아?

그럴지도 모른다. 많은 부분이 1928년에 출판된 유수포프의 회고록에 나오는 이야기인데 이때 빠리에서 고달픈 망명생활을 하던 그로서는 한권이라도 책을 더 팔아야 했기에 조금 윤색을 했을지도 모른다.

아버지는 진짜 성자였다구요. 짜르 가족을 위해 좋은 일만 하신 아버지를 암살했기 때문에 로마노프 왕가가 저주를 받은거라 이겁니다.

라스푸틴의 딸 마리아 라스푸틴은 미국으로 망명하여 써커스단에서 사자 곡예사로 생계를 꾸렸는데 자신의 아버지를 악마의 이미지로 왜곡했다며 유수포프를 맹렬히 비난했다.

Chapter16. 마지막 짜르

진짜 성자였는지 미치광이였는지 사기꾼이였는지 알 수가 없다.

그가 실제로 이런 저주를 남기고 죽었는지도 확실치 않다.

만약 내가 로마노프 집안 사람의 손에 죽게 되면 로마노프 가문은 3년내에 멸망할 것이다.

하지만 결과적으로는 그렇게 되었다. 라스푸틴이 처참하게 암살 당한지 몇개월 후 페트로그라드의 부녀자들이 거리에 나섰다.

지랄맞은 전쟁 그만하고

빵을 내놔라, 이놈들아.

1차대전이 터지자 독일식 어감을 없애겠다며 생페테스부르그를 페트로그라드라고 개명을 했지. 그리고 몇 년이 지나서 레닌이 죽자 그를 추모하여 레닌그라드라고 부르다가 1991년에 원래 이름으로 돌아오게 된다. 피터대제와 레닌이라는 정치거물 사이를 오락가락한 기구한 역사다.

어쨌든 페트로그라드의 데모군중은 순식간에 그 숫자가 10만명으로 불어나더니

배고파, 빵 달라구!

과격해지기 시작했다.

독일여자는 꺼져라!

급기야

짜르도 물러가라!!

Chapter16. 마지막 짜르

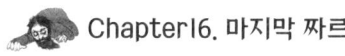 Chapter16. 마지막 짜르

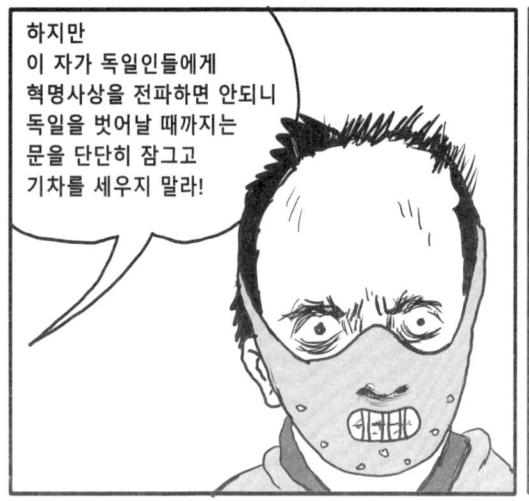

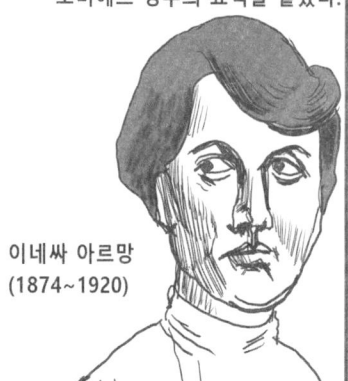

Chapter16. 마지막 짜르

짜르체제가 무너지자 지하에서 암약하던 공산주의자들이 전면에 등장했는데 1917년은 러시아 공산주의자들의 양대 파벌인 볼셰비키와 멘셰비키의 권력투쟁이 본격화된 해이다.

1903년 런던에서 열린 공산당 전당대회에서 노선의 차이로 생긴 이 두 파벌은 러시아 말로 볼셰비키는 다수파, 멘셰비키는 소수파를 의미하지만 1917년 이때까지만 해도 이름과는 반대로 멘셰비키가 주류였고 볼셰비키가 언더독이었지.

볼셰비키와 멘셰비키는 근본적 주장은 같았지만

> 자본주의, 제국주의의 착취를 타도하고 노동자가 지배하는 마르크스주의 사회를 건설하겠다!

실행노선을 두고 투쟁을 벌였다. 멘셰비키는 좀 더 점진적이고 민주적인 개혁을 주장했지.

> 민중들이 자각하여 혁명의 에너지가 무르익을 때까지 지식인이나 진보주의자들과도 제휴할 수 있다.

멘셰비키 지도자
율리우스 마르토프
(1873~1923)

반면에 볼셰비키는 훨씬 급진적이고 과격했다.

> 민중이 자각할 때까지 기다린다고? 나약한 몽상가들이군. 부르조아들과 타협은 있을 수 없어. 당장 세상을 뒤집어 엎어버려야 한다!

이런 생각들이 레닌이 기차 안에서 쓴 4월테제에 집약되어 있었고, 결국 더 폭력적이고 덜 민중적인 볼셰비키가 러시아 혁명의 주도권을 잡게 된다.

> 목적이 수단을 정당화한다!

Chapter16. 마지막 짜르

러시아혁명과 소련의 성립과정에서 벌어진 권력투쟁을 살펴보면 하나의 법칙이 있다.

쥴리우스 마르토프는 매력적인 지식인이었다.

그와 오랜 멘셰비키 동지였다가 볼셰비키로 전향한 트로츠키는 이렇게 말했지. "그는 사회주의자 햄릿이었다."

하지만 마르토프가 이끌던 멘셰비키는 무자비한 현실주의자 레닌의 볼셰비키에 권력을 내주고 역사의 뒤안길로 사라졌고

레닌이 죽고나자 트로츠키가 승계하는 듯 했으나

레온 트로츠키
(1879~1940)

더 잔인한 스탈린의 권모술수에 밀려났다.

죠셉 스탈린
(1878~1953)

병상에서 레닌동지는 무식한 스탈린에게 중요한 직책을 맡긴 결정을 엄청 후회했지요.

레닌의 부인
크룹스카야

트로츠키는 멕시코에서 망명중 스탈린이 보낸 자객에게 암살 되었는데 그 와중에도 멕시코의 유명한 여류화가 프리다 칼로와 불륜의 로맨스를 남겼지.

프리다 칼로
(1907~1954)

이렇게 보면 언제나 더 과격하고 더 잔인한 인물이 온건하거나 덜 잔인한 인물을 밀어내고 권력을 차지했다는거야.

이게 혁명의 숙명인걸까?

다시 본론으로 돌아가자.
혹시 '닥터 지바고'라는 영화를
보신 적 있는지?
주제가 '라라의 테마'가
아름다운 이 영화의
시대적 배경은
10월혁명 후 벌어진
러시아 내전이다.

볼셰비키의 적군(Red Army)이 쿠데타를
일으켜 정권을 잡자 볼셰비키 정권을 반대하는
세력들이 무장을 하고 동서남북에서 나섰는데
이들을 묶어서 백군(White Army)라고 불렀다.

로마노프 왕조를 다시 세우려고 하는
극우보수 귀족부터,

짜르에 충성하던 코사크군대,

진보적 자유주의자들에게 이르기까지
볼셰비키 공산주의를 반대하는
다양한 세력들이었으니

구심점이 없는 백군의 패배는 예견된 것이었다.
러시아를 다시 전선에 끌어들이려던 연합국들의
지원이 1차대전의 종결로 끊기자
백군은 사라지게 된다.

하지만 1918년 여름은 아직 백군의 세력이 위협적일 때였다.
백군의 일파가 니콜라스 2세 일족이 연금되어 있던
예카테린부르그로 접근하자 비상이 걸렸다.

만약 니콜라스 2세가 백군의 수중에 들어간다면?

 Chapter16. 마지막 짜르

짜르를 해외로 빼돌려 망명정부라도 세운다면 두고두고 볼셰비키 정권에 위협이 될것이 뻔했다. 그래서 7월 17일 자정을 갓넘긴 꼭두새벽...

기상~~

지금 실시하면 즉시 옷을 입고 지하실로 전원 집합합니다. 실시!!

10평도 안되는 지하실에 짜르의 가족과 그때까지 남아있던 주치의와 시종 두어명이 모여 무슨 일인지 의아해하고 있었다.

미안하지만 의자를 두개만 가져다줄 수 있겠소?

그리하여 니콜라스 2세가 허약한 알렉세이를 무릎에 안고 앉았고 알렉산드라 황후가 그 옆에 앉아서 기다렸다지.

Chapter16. 마지막 짜르

307

좁은 실내가 화약연기가 가득 차도록 무차별 사격이 이어졌다.
더 이상 눈을 못뜨고 숨이 막힐 지경이 되어서야
사격중지 명령이 내려졌다.

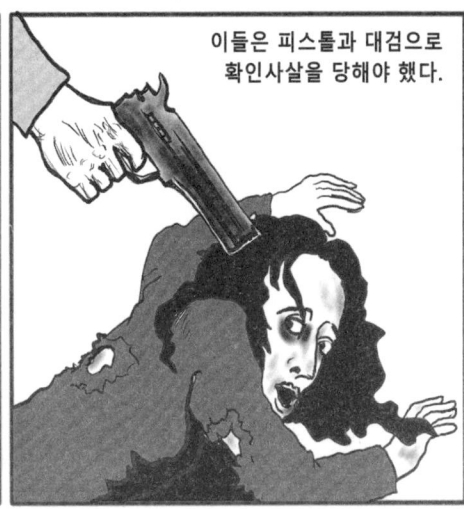

Chapter16. 마지막 짜르

우리가 벨르 에뽀끄라고 부르는 그 시대는 프랑스와 프러시아의 전쟁이 끝나는 1871년 부터 시작한다.

그러나 그보다 거의 한 세기 전에 일어난 부르봉의 몰락으로 이 이야기를 시작했다.

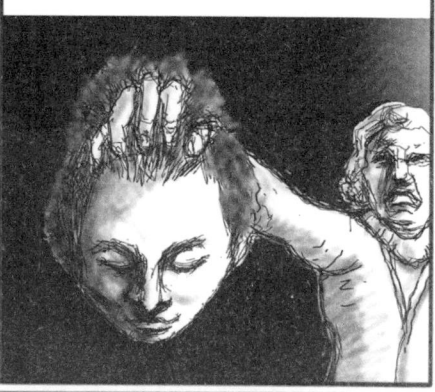

벨르에뽀끄가 막을 내리면서 합스부르그와 호헨쫄레른이 사라졌고

그 와중에 윈저만이 가문의 이름까지 바꾸면서 기막힌 타협과 처세로 살아남았지만

사촌지간인 로마노프가 처참한 모습으로 사라졌다.

생페테스부르그를 빠리처럼 만들고 싶었던 로마노프가 사라지자 수많은 러시아 예술가들이 해외로 흘어졌고 그 대부분을 빠리가 흡수하여 1차대전 후에도 세계문화의 중심지가 된다.

재들은 죄다 거품이라니깐.

Chapter16. 마지막 짜르

프랑스대혁명을 일으킨건 민중들이었지만 그 열매를 즐긴건 부르조아들이었다.

이 세대의 부르조아들은 자신감과 낙관론으로 충만했지.
- 세상은 계속 발전할 것이고
- 인간의 지식은 한이 없고
- 우리는 더욱 부자가 될거고
- 인생은 아름다운거야.

자본주의가 날개를 달았고
그냥 돈벌 궁리만 하시면 나머지는 보이지 않는 손이 다 알아서 해드립니다.

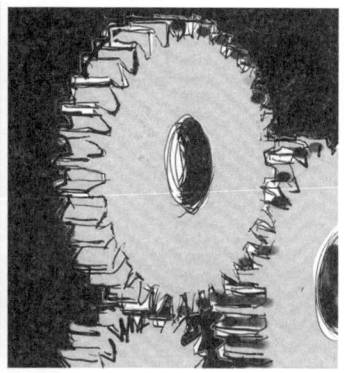

자본주의는 기술혁신과 산업혁명을 가속화시켜 인류가 일찍이 보지 못한 풍요를 가져왔다.

부르조아들의 입맛에 맞는 그림과 음악과 소설이 쏟아졌고

오늘날까지도 행세를 하는 사치품들이 이 시절에 부르조아의 기호에 맞춰 자리를 잡았다.

오뜨 꾸뛰르(Haute Couture)는 high fashion 정도로 번역할 수 있는 프랑스 말인데 벨르에뽀끄 시대에 오늘날과 같은 시스템을 갖추게 된다.

영국 출생이지만 빠리에서 활동한 찰스 워스는 그 시대의 라거펠드나 앙드레 김 같은 사람이었다. 제자들이 랑뱅, 샤넬, 발렌시아가 등을 차려 나가 오뜨 꾸뛰르의 아버지로 불리운다.

찰스 워스 (1825~1895)

그의 제자 뽈 뽀아레

오뜨 꾸뛰르가 있는데 오뜨 뀌진느 (Haute Cuisine)가 왜 없었겠는가?

부르봉과 귀족들이 망하자 그들의 전속 요리사들이 민간으로 풀려나와 부르조아 고객들을 위하여 음식을 만들기 시작했다. 전설적인 요리사 에스꼬피에가 그 전통 위에 프랑스 오뜨 뀌진느의 클래식을 확립하면서 요리=프랑스라는 등식을 만들었지. 오늘날의 셰프 복장을 만든 사람이기도 하다.

오귀스뜨 에스꼬피에 (1846~1935)

하여튼 이름 그대로 아름다운 시대였다니까,

적어도 이들에게는...

Chapter16. 마지막 짜르

그러나 이들이 사랑해 마지 않았던 아름답던 근대는 끝나가고 있었다.

이게 그림이냐?

음악에서 '아비뇽의 여인들' 같은 역할을 한건 1910년 이고르 스트라빈스키가 작곡한 발레 뤼스의 '봄의 축제' 공연이었다. 실제로 관중들은 난동을 일으켰지.

이것도 음악이냐고?

문학에서는 훨씬 늦어 제임스 조이스가 1914년부터 유럽을 떠돌며 7년 동안 쓴 '율리시즈'가 이런 역할을 했다.

이제 근대는 끝났다구요. 이게 현대의 소설입니다.

근대와 현대의 갈림길에서 벨르에뽀끄의 최대 수혜자인 부르조아들은 적개심을 드러냈다.

천박하고 부끄러운줄 모르는 미치광이 전위예술가들!

Chapter16. 마지막 짜르

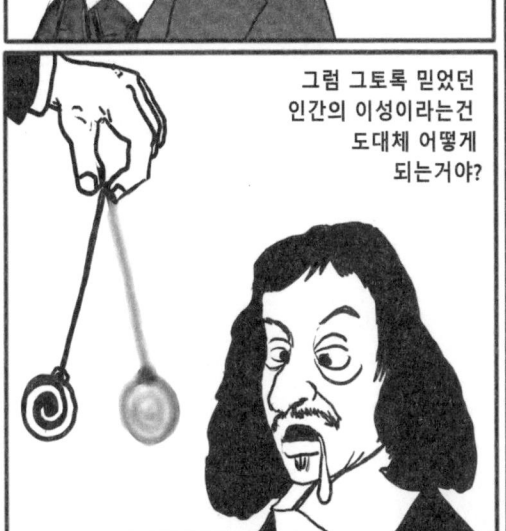

 Chapter16. 마지막 짜르

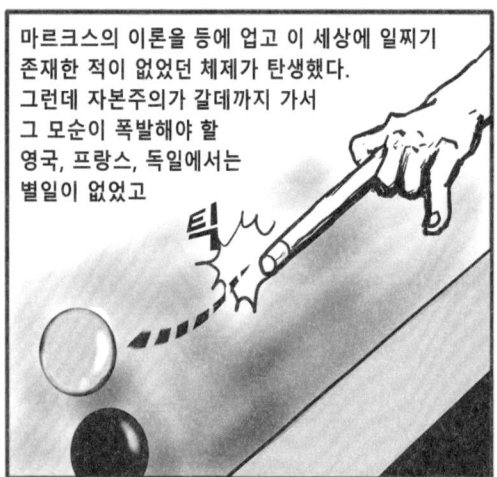

Chapter16. 마지막 짜르

이렇게 벨르에뽀끄의
낙관주의와 자신감은
1차 세계대전과
러시아혁명을 겪으며
사라져 갔다.

모든게 확실하고
분명해 보이던 세상은
이제 더 이상 존재하지
않게 되었다.

합스부르그가 사라지며 왈츠에 맞추어 끝없이 이어지던
비엔나의 무도회는 더 이상 옛날과 같지 않았다.

무도회에서 의기양양하게
숙녀들을 유혹하던
멋진 콧수염의
기마대 장교도
사라져버렸다.

마냥 가슴을 뛰게 하던 이슬 젖은 새벽의 여우사냥터의
그 아스라한 나팔소리도...

 Chapter16. 마지막 짜르

러시아혁명으로 로마노프 왕조가 멸망하자 부활절이 되어도 파베르제가는 더 이상 짜르의 가족을 위하여 그 유명한 보석 장식 계란을 만들지 않게 되었다.

말린스키와 볼쇼이의 수많은 발레리노와 발레리나들은 빠리나 비엔나나 뉴욕으로 흩어져 일거리를 찾아야 했지.

이전에는 상상도 할 수 없을 정도로 참혹했던 전쟁의 소용돌이 속에서,

신과 예술을 부정하는 혁명의 혼란 속에서

벨르 에뽀끄의 모든 불빛과 꽃향기는 사라지거나 너무 변해버려 더 이상 옛날의 모습을 찾을 수 없게 되었다. 무엇보다도 유럽이 세계의 중심이던 아름답던 시절은 저물고 있었다.

1912년 어느날 기욤 아뽈리네르가
미라보 다리에서
흘러가는 세느강을 바라보며 지었던 그 시는
이 모든 변하고 사라지는 것들을 위한 엘레지였을지도 모른다.

Ni temps passe
Ni les amours reviennent
Sous le pont Mirabeau coule la Seine

흘러간 시간도
흘러간 사랑도 돌아오지 않는다.
미라보 다리 아래 세느강은 흐른다.

- 끝 -

에필로그

아주 오래전 빠리의 미라보 다리 근처에 있는 호텔에서 이른 새벽 창밖 세느강 건너 안개에 싸인 라디오 프랑스 건물의 시계탑을 바라보며 아침을 먹곤 했다. 이때 '라 벨르 에뽀끄'의 이야기를 언젠가 한번 들려주고 싶다고 생각했던 것 같다. 고등학교 때 여자아이들 앞에서 한번 써먹어 보려고 외웠던 아뽈리네르의 시 '미라보 다리'로 시작해야겠군, 이런 생각도 했던 듯하다. 그 후 20년 분주했던 세월이 지나고 기획에 착수해서 세 권의 원고를 완성하는 데까지 1년 반이 걸렸다.

집에서 멀리 떨어지지 않은 조그만 서재까지 출퇴근하는 탄천길은 사계절 내내 천국이었고 이야기하듯 완전히 내 식으로 만화를 그리는 작업이 너무나 즐거웠다. 시계를 보면 '아차, 시간이 벌써 이렇게 되었나?', 이래서 친구들과의 약속에 늦는 경우도 허다했다. 독자들도 내가 재미있었던 것만큼 재미있어 해주면 좋을 텐데….

앞으로 10편은 더 그려야겠다고 생각하고 있다. 내내 진지하되 서투른 아마추어의 관점과 태도를 버리지 않고 싶다. 그리고 많은 이야기를 들려주고 싶다. 애쓴 출판사 직원들과 격려해주고 수많은 오탈자를 신고해준 벗들과 선후배들이 고맙다. 그리고 재미있었다고, 유익했다고 해주신 독자들에게 감사드린다.

저물어가는 2019년, 분당에서   신일용

아름다운 시대
라 벨르 에뽀끄 (3권)

펴낸날   2019년 12월 20일
2쇄 펴낸날 2020년 3월 5일

지은이 신일용
펴낸이 주계수 | **편집책임** 이슬기 | **꾸민이** 전은정

펴낸곳 밥북 | **출판등록** 제 2014-000085 호
주소 서울시 마포구 양화로 59 화승리버스텔 303호
전화 02-6925-0370 | **팩스** 02-6925-0380
홈페이지 www.bobbook.co.kr | **이메일** bobbook@hanmail.net

ⓒ 신일용, 2019.
ISBN 979-11-5858-607-2 (07900)
　　　 979-11-5858-603-4 (세트)

※ 이 도서의 국립중앙도서관 출판시도서목록(CIP)은 e-CIP 홈페이지(http://www.nl.go.kr/cip)에서 이용하실 수 있습니다. (CIP 2019043514)

※ 이 책은 저작권법에 따라 보호받는 저작물이므로 무단전재와 복제를 금합니다.